아,
그때
이렇게
말할걸!

아, 그때 이렇게 말할걸!

예의 바르게 상대를 제압하는
결정적 한마디

가타다 다마미 지음 | 이주희 옮김

동양북스

인간은 공포심 때문에 과격해진다.

_ 마키아벨리

차례

들어가는 말 성선설은 문제를 해결해주지 않는다! 014

| 1장 |

알아야 이긴다

상대의 타입을 파악하면 이미 이긴 싸움이다

'공격하는 사람일수록 약한 인간'이라는 사실을 알자 018
상대는 어떤 타입인가? 020

1 왕 타입
'너를 지배하고 싶어' 024

2 벌거벗은 임금님 타입
'애들아, 내가 이렇게 잘난 사람이야' 027

3 선망 타입
'적어도 내가 너보다 낫잖아' 031

4 아이 타입
'뭐든 내 맘대로 안 되면 짜증나' 035

5 비극의 주인공 타입
'나는 불쌍한 사람이야' 038

6 치환 타입
'감히 너까지 나를 무시해?' 042

7 트라우마 타입
'너도 내가 당한 만큼 당해봐' 045

8 사디스트 타입
'네가 힘들어하다니 쨈통이다' 048

| 2장 |

우선 나의 태도를 바꿔라

말과 행동은 그에 따라온다

기대하는 반응을 보이면 지는 것이다 ········· 052

상대가 부르는 싸움판에 올라가지 마라 ········· 054

애티튜드 1 왜 그런 말을 하는지 생각하라 ········· 056

애티튜드 2 그 사람의 감정은 그 사람의 것이다 ········· 059

애티튜드 3 이 모든 것이 인생 경험이라고 받아들인다 ········· 062

애티튜드 4 모든 사람에게 겸손할 필요는 없다 ········· 065

애티튜드 5 바꿀 수 없다면 연기해도 괜찮다 ········· 069

애티튜드 6 내 몸이 싫으면 싫은 것이다 ········· 072

| 3장 |

어떤 상대도 두렵지 않은 '7가지 대화 작전'

이런 '반격'에는 이길 자가 없다

어떤 막말에도 대응법이 있다 ········· 076

작전 1 반사하기
상대의 말을 그대로 되돌려준다 ········· 078

작전 2 사오정처럼 반응하기
전혀 다른 화제를 꺼내 상대의 말을 무력하게 만든다 ········· 081

작전 3 화살 피하기
상대에게 그건 내가 들어야 할 말이 아니라는 것을 알려준다 ········· 084

작전 4 '한 단계 위'에 서기
내려다보는 자세를 취하면 여유가 생긴다 ········· 087

작전5 주위를 내 편으로 만들기
사적인 곳에서 공개적인 곳으로 이동하라 ········ 090

작전6 직접적으로 감정 전달하기
상대를 부끄럽게 만들어라 ········ 093

작전7 상대방의 기대 저버리기
공격할 의지를 무너뜨려라 ········ 096

| 4장 |

이 한마디로 '기분'도 '일'도 술술 풀린다

직장생활이 상쾌해지는, 이기는 대화법

어려운 상하 관계에도 해결책은 있다 ········ 100

케이스1 싫은 소리
'앵무새처럼 반복하기'로 당황하게 만들어라 ········ 102

케이스2 비꼬는 말
'태평한 한마디'로 상대의 기운을 빼라 ········ 106

케이스3 노골적인 라이벌 의식
'칭찬'으로 입막음하라 ········ 110

케이스4 위에서 내려다보는 사람
'엉뚱한 반박'으로 차단하라 ········ 113

케이스5 우울한 기운을 퍼트리는 사람
관객이 되지 마라 ········ 117

케이스6 트집을 잡는 사람
'만만한 사람'이 아니라는 걸 보여줘라 ········ 120

케이스7 설교를 가장하여 험담하는 상사
'일단 동의'로 골탕 먹여라 ········ 124

케이스8 막말하는 상사
'유머'로 반격하라 ········ 126

케이스 9 잘난 척하는 상사
'선수 치기'로 게임 오버 130

케이스 10 설교를 좋아하는 상사
내가 타깃이 아니라는 걸 보여주기 133

케이스 11 감정적인 상사
차분한 한마디로 기세 죽이기 137

케이스 12 갑질하는 상사
'부메랑 효과' 노리기 141

| 5장 |
'불편한 그 친구'와 능숙하게 멀어져라
저절로 좋은 친구만 남기는, 말의 기술

사생활에서 마음에 거슬리는 그 사람 146

케이스 13 내 뒷담화를 하고 다니는 사람
'눈치챘다'고 살짝 흘리기 148

케이스 14 험담을 좋아하는 사람
말을 돌리거나 도망쳐라 152

케이스 15 은근히 나의 가족을 공격하는 사람
눈부신 미소로 나의 행복을 보여줘라 156

케이스 16 상대방을 지휘하려 드는 사람
'필요 이상'으로 칭찬하라 160

케이스 17 자기 생각을 강요하는 사람
'폐점 작전'이 살길이다 164

케이스 18 다른 사람 앞에서 면박을 주는 사람
주변 사람들이 다 듣게 말한다 168

케이스 19 비교하는 것을 즐기는 사람
상대보다 우위에 서려고 하지 마라 171

케이스20 불평을 늘어놓는 사람
그냥 내가 하고 싶은 이야기를 한다 175

케이스21 피해자 코스프레하는 사람
내가 가해자가 아니라는 걸 확실히 해둔다 179

케이스22 친구인 척하며 공격하는 사람
상대가 프레너미라면 안녕을 고하라 182

| 6장 |
가까울수록 예의를 지키면
문제는 쉽게 풀린다
상처 주지 않으면서 할 말은 하는, 가족 대화술

'소중하게 여기고 있다'는 것을 잘 전하기 위한 대화 186

케이스23 엄마의 심한 말
'상처받았다'고 확실하게 말하라 188

케이스24 과잉 간섭하는 부모
'엄마는 엄마고, 나는 나다'를 확실히 각인시켜라 192

케이스25 불평하는 시어머니
남편이 내 편이라는 것을 피력하라 196

케이스26 휴일마다 집에 오라고 하는 시어머니
남편에게 나의 기분을 설명한다 200

케이스27 프라이버시를 침범하는 아내
'침범하지 않는 선'을 정해서 확실히 말한다 204

케이스28 폭언하는 파트너
불쾌한 감정을 있는 그대로 표현하라 207

케이스29 나를 무시하는 파트너
'마법의 문장' 사용하기 210

| 7장 |

당신은 쉬운 사람인가요?

타깃이 되지 않기 위해, 나에게 던지는 질문

'타깃이 되기 쉬운 사람과 그렇지 않은 사람'의 차이 216

Q1 나는 '반격하지 않는 사람'인가요? 218

Q2 주변에 맞추기 위해 무리하고 있나요? 222

Q3 하기 싫은 일을 억지로 하고 있나요? 226

Q4 다른 사람과 나를 비교하고 있나요? 230

Q5 자신의 속마음을 드러내고 있나요? 233

Q6 '이상적인 내 모습'이 아니라서 괴로운가요? 238

나가는 말 말로 이기는 것보다 더 중요한 것은 내가 행복해지는 것이다 241

참고 문헌 244

어떤 막말에도 대응법이 있다!

예의 바르게 상대를 제압하는 결정적 한마디

"한가해 보인다니, 그게 무슨 뜻이죠?"

"맞는 말씀입니다. 그런데 무슨 일이시죠?"

(마음속으로) '아, 오늘도 또 하나의 인생 경험을 쌓았네~.'

"아, 네 역대 최고 기록을 세우셨잖아요."

"저한테 그런 말씀을 하셔봤자 곤란할 뿐이에요."

"이제 가도 될까요?"

"그것 참 재미있는 의견이네요."

"한 번 더 천천히 말씀해주시겠어요?"

(마음속으로) '비극의 주인공이 되고 싶으면 그렇게 하세요.'

(어깨를 으쓱하면서) "아, 그런가요?"

"너무 행복해서 살이 쪘나 봐."

"그건 그렇고 그 영화 봤어?"

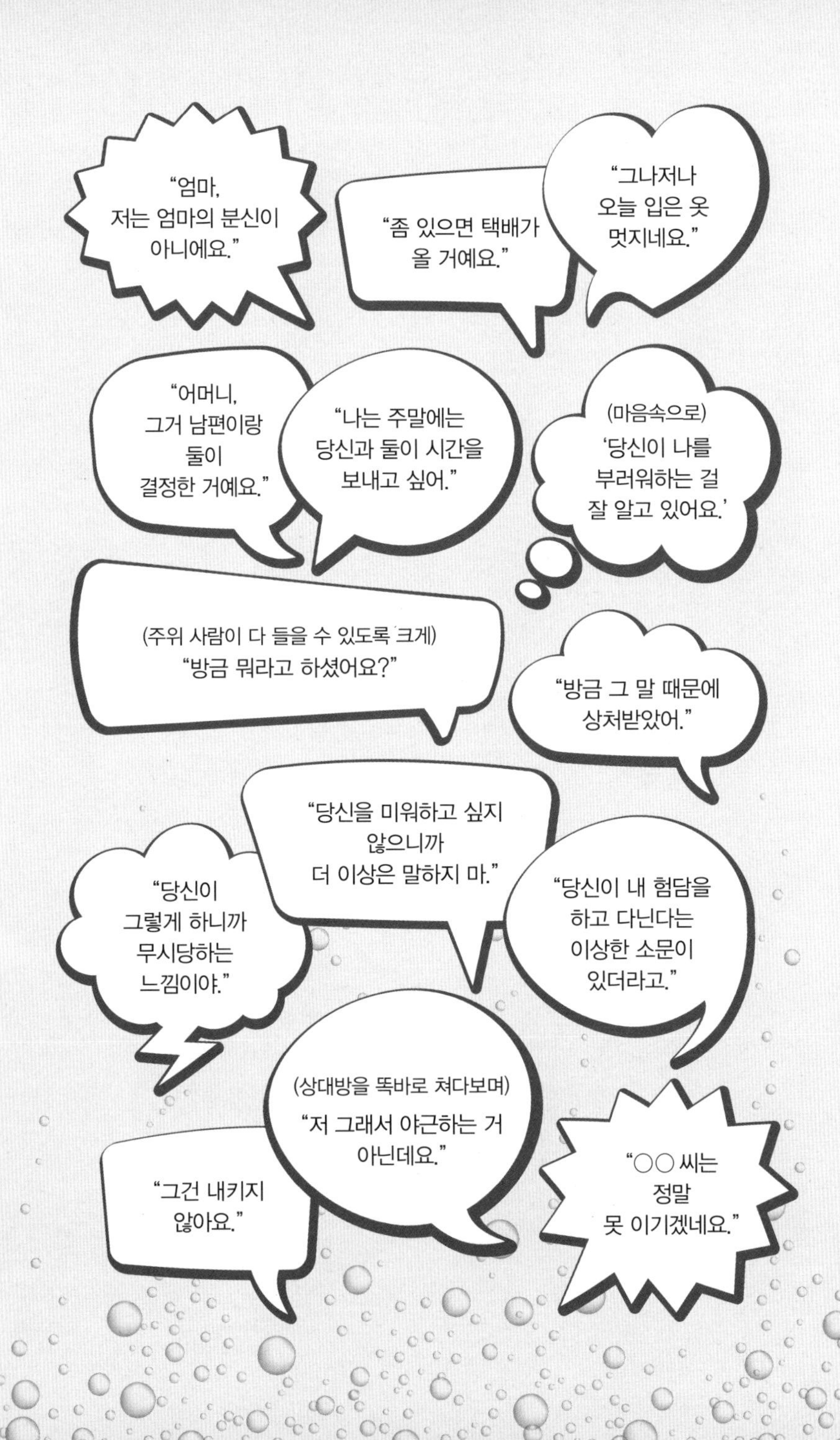
"엄마,
저는 엄마의 분신이
아니에요."
"좀 있으면 택배가
올 거예요."
"그나저나
오늘 입은 옷
멋지네요."
"어머니,
그거 남편이랑
둘이
결정한 거예요."
"나는 주말에는
당신과 둘이 시간을
보내고 싶어."
(마음속으로)
'당신이 나를
부러워하는 걸
잘 알고 있어요.'
(주위 사람이 다 들을 수 있도록 크게)
"방금 뭐라고 하셨어요?"
"방금 그 말 때문에
상처받았어."
"당신이
그렇게 하니까
무시당하는
느낌이야."
"당신을 미워하고 싶지
않으니까
더 이상은 말하지 마."
"당신이 내 험담을
하고 다닌다는
이상한 소문이
있더라고."
"그건 내키지
않아요."
(상대방을 똑바로 쳐다보며)
"저 그래서 야근하는 거
아닌데요."
"○○ 씨는
정말
못 이기겠네요."

성선설은 문제를
해결해주지 않는다!

'언어폭력'이 판을 치는 세상이다.

친구와 동료의 심한 말 한마디가 머릿속에서 계속 빙빙 돈다. 납득하기 어려운 이유로 화를 내는 상사 때문에 회사 분위기가 좋지 않다. 가족과 파트너가 무심코 던진 말에 매번 상처받지만 상대방은 전혀 모르고 있다.

그런데도 많은 사람들이 그저 가만히 있거나 쓴웃음으로 모면하며 꼼짝없이 당하고만 있다.

하지만 이렇게 가만히 참고만 있으면 상대방의 말과 행동은 점점 더 심해진다. 세상에는 '성선설'에 해당되지 않는, 공격적이고 타인의 아픔에 공감하지 못하는 사람들이 확실히 존재한다. 그런 사람에게 일단 한번 타깃이 되어버리면, 언제까지고 만만한 '샌드백'이 되어버린다. 그렇게 욕구 불만이 쌓여서 심신의 아픔을 호소하는 사람들을 나는 정신과 의사로서 매일 만나고 있다.

'공격을 받았을 때 그냥 참고 견디면 안 된다.'

이것이 내가 정신과 의사로서 힘주어 말하고 싶은 것이다. 상대방이 함부로 내 마음속을 침범하는데 아무런 저항도 하지 않는 것은 자신의 마음을 소중히 하지 않는 것과 마찬가지다. 필요할 때는 주저 없이 '자신의 마음을 지키는' 쪽을 선택하길 바란다. 어찌됐건 '속마음을 표현하는 게 속이 시원하다'. 이것은 틀림없는 진실이다.

사실은 뭐라고 대꾸를 하고 싶었지만 말이 바로 나오지 않는 사람, 속으로는 '이 인간이 나한테 왜 이러지'라는 생각이 들지만 그저 입다물고 있을 수밖에 없었던 사람. 이 책은 그런 사람들에게 현명하게 되받아치는 기술을 전수한다. 이 기술을 익히게 되면 언어폭력을 휘두르는 사람들은 자연스럽게 떨어져나간다.

우선, 상대방의 심리를 파헤쳐보고 그다음에는 우리 일상에서 벌어지는 다양한 '언어 공격'과 그에 맞는 효과적인 대책을 소개하겠다.

'말을 받아치는 기술.' 이것은 당신이 원만한 인간관계를 만들어가는 데 유용한 무기가 될 것이 틀림없다. 때로는 방패가 되어주기도 할 것이다.

'이런 경우에는 이렇게 말하면 돼'라고 알고 있는 것만으로도 사람은 훨씬 더 마음의 여유를 갖고 타인을 대할 수 있다.

'사용하지는 않지만 무기를 갖고 있는 것.'

그것은 무기 없이 무방비 상태로 있는 것보다 훨씬 더 든든하기 때문이다.

가타다 다마미

| 1장 |

알아야 이긴다

상대의 타입을 파악하면
이미 이긴 싸움이다

'공격하는 사람일수록 약한 인간'이라는 사실을 알자

어떤 곳에나 존재하는 공격적인 사람, 폭언을 일삼는 사람.

그런 사람들에게 공격당하면 마치 '괴물'을 만난 것만 같은 기분이 들게 마련이다.

'내가 왜 이런 말을 들어야 하지?'

'이런 취급을 받다니 믿어지지가 않아, 이해를 못 하겠어.'

이렇게 쇼크를 받고 마음이 흐트러져 있는 동안 아무 말도 못하고 물러서게 되는 것이다. 하지만 공격적인 그들의 심리를 분석해보면, 그들의 정체는 물론 괴물이 아니다. 그저 당신과 똑같은 인간일 뿐이다.

오히려 공격을 받는 쪽보다 훨씬 약한 인간이라 할 수 있다. 사실이다. 공격하는 사람일수록 공포와 불안을 안고 있으며 약한 면을 갖고 있다. 그래서 더욱 공격하지 않고는 못 배기는 것이다. 이 사실을 반드시 알고 있어야 한다. 그들의 이러한 속마음을 알고 있으면, 대응책은 얼마든지 있다. 두려움 없이 받아치는 것도 가능하다. 싸움의 기본, 그것은 우선 상대의 심리를 아는 것이다.

상대는 어떤 타입인가?

직장 동료이든 친구든 공격적인 성향의 사람은 많다. 그들은 도대체 왜 적대감을 드러내는 걸까? 그들의 생김새는 제각각 다 다르지만 많은 사람들을 관찰하고 그 심리를 읽어보면 몇 가지 패턴이 있다.

'공격하는 사람들'은 크게 8가지 타입으로 나눌 수 있다.

내 주변에서 볼 수 있는 다양한 종류의 싫은 사람, 견디기 어려운 사람. 이 말을 듣자마자 지금 당신의 머릿속에 떠오른 '그 사람'도 다음의 8가지 타입 중 한 가지에는 반드시 해당할 것이다. 물론 경우에 따라 여러 타입을 갖고 있는 사람도 있을 것이다. 각 타입이 평소에 사용하는 '공격의 특징'을 간단히 정리하면 다음과 같다.

1. 왕 타입

주변 사람에게 명령하는 듯한 고압적인 말투를 쓴다. '나는 너희들과는 달라'라고 말하는 듯한 태도를 보이며 자신의 의견에 따르라고 요구한다.

2. 벌거벗은 임금님 타입

자기 자신에 대한 이야기만 한다. 과거에 자신이 이룬 것, 성공한 일 등 자기 자랑을 끊임없이 한다. 조금이라도 자신과 다른 의견을 말하면 과도하게 반응하고 비난한다.

3. 선망 타입

가슴에 비수를 꽂는 듯한 날카로운 말, 비판을 한다. 또는 무시하거나 일부러 차갑게 대하면서 적극적이지는 않지만 은근히 상처 주는 말로 공격한다. 주로 친구, 동료 등 '대등'해 보이는 관계에서 많다.

4. 아이 타입

자신의 생각대로 되지 않으면 아이처럼 화를 내거나 토라지고 불평한다. '내 말을 들어주지 않는 네가 나쁘다'며 상대방에게 책임을 전가한다. 자신의 요구나 희망사항을 들어줄 때까지 납득하지 않는다.

5. 비극의 주인공 타입

불평이나 부정적인 말만 하며 '불행한 자신'을 어필한다. 충고를 해줘도 듣지 못한다. 작은 일에도 과잉 반응하며 피해자인 척한다. 자신이 상대를 지치게 한다는 사실을 눈치채지 못한다.

6. 치환 타입

타인의 아주 소소한 실수, 말할 것도 없는 극히 작은 실수에도 과도하게 화를 낸다. 분노의 끓는점이 매우 낮아 보통 사람의 감각으로는 '왜 이렇게까지 화를 내지?'라는 생각이 들 정도다. 그런데도 상대방을 '나쁜 사람'으로 몰아세운다.

7. 트라우마 타입

내 잘못이 전혀 아닌 경우나 기억나지 않는 일 때문에 화를 낸다. 부당하거나 아무런 맥락 없는 공격을 한다. 왜 그렇게 화를 내고 심하게 대하는지 이해할 수 없는 경우가 많다.

8. 사디스트 타입

시종일관 폭력적인 말과 행동을 취한다. 상대가 '상처받았다'는 반응을 보일 때까지 공격을 멈추지 않는다. 경우에 따라서는 폭력을 쓰거나, 물건을 던지는 경우도 있다.

이제부터 이 8가지 타입의 '숨어 있는 심리'를 구체적으로 설명하겠다.

'공격 뒤에 숨어 있는 심리'를 알게 되면 지금 갖고 있는 고민과 문제에서 벗어날 수 있는 해결책이 저절로 보일 것이다.

1 왕 타입

'너를 지배하고 싶어'

마치 왕처럼 고압적인 태도를 취하고 '타인을 지배하고 싶다, 뭐든 내 맘대로 하고 싶다'는 행동을 취하는 것이 이 사람이다. 이 '왕' 타입의 공격자는 직장 상사 중에 많이 볼 수 있다.

부하를 자신의 생각대로 지배하려는 상사는 어떤 직장에나 한 사람쯤은 있을 것이다. 그들은 과도할 정도로 '위에서 내려다보는 시선'으로 말하고, 부하의 작은 실수를 필요 이상으로 호되게 꾸짖는다. 그런데 사실은 그런 상사일수록 자신의 업무 능력이나 포지션에 자신이 없기 때문에 이렇게 행동한다.

이미 다른 사람의 눈에도 명확한 실적을 올리고 있고 자신의 팀원으로부터 신뢰받고 있다면 굳이 이런 짓을 할 필요가 없다.

신임 상사와의 관계로 고민하고 있는 30대 남성 C.

그의 예전 상사는 세세한 것에는 별로 신경쓰지 않고 업무를 맡기는 편이었지만, 새로운 상사는 아주 작은 것에까지 일일이 간섭을 한다. '이 일은 했냐, 저 일은 했냐'면서 모든 것을 물었고 작은 것이라도 놓치면 격분한다. 이 상사는 C와 두세 살 정도밖에 나이 차이가 나지 않고 그 직책에 오른 지도 아직 몇 개월이 지나지 않은 상태다. 이 상사가 그런 언행을 하는 것은 한마디로 스스로에게 자신감이 없기 때문이다.

나는 대기업 내의 병원에서 근무한 적이 있는데, 이제 막 간부가 된 사람일수록 어깨를 으스대며 활보하는 사람이 많다는 인상을 받았다. 오랜 기간 그 지위에 있는 사람은 오히려 그런 행동을 하지 않는다. 그런 사람들은 자신감도 있고 시시한 일로 으스대다가 팀원들에게 오히려 약점이 잡힐 수도 있고, 그러다 보면 조직이 원만하게 돌아가지 않는다는 것을 알고 있기 때문이다.

고압적인 행동을 취하면서 타인을 지배하려 드는 사람의 속마음을 파악해보자. 이들은 자신이 상대를 지배하지 못하면 '나를 무시하는 거 아닐까', '내가 우위를 확보하지 못하는 거 아닐까'라는 불안감을 갖고 있다.

자신감이 없기 때문에 존경받지 못할까 봐 불안하다. 언젠가는 자신의 포지션이 위협당하는 게 아닐까라는 공포를 안고 있기 때문에 더욱 팀원에게 심한 말을 하거나, 명령하고 지배함으로서 마음의 평안을 얻으려고 한다.

공포심 때문에 공격하는 것. 이것은 어떤 관계에서도 일어날 수 있다. 『군주론』으로 유명한 마키아벨리도 이런 말을 했다.

'인간은 공포심과 증오 때문에 과격해지는 것이다.'

두렵기 때문에 폭언을 한다. 불안하기 때문에 으스댄다. 자신이 없기 때문에 고압적인 태도를 취하고 허세를 부린다. 자신이 위라는 사실을 과시하고 싶어서 필요 이상으로 집요하게 몰아세운다. 이렇게 타인을 지배하고 싶어 하는 생각의 뿌리에는 자신감 결여와 자신의 지위가 위협받을지도 모른다는 공포가 숨어 있는 것이다.

'자신감이 없을수록 공격한다.'

2 벌거벗은 임금님 타입

'애들아, 내가 이렇게 잘난사람이야'

끊임없이 잘난 척을 하거나 자기중심적인 언행을 보이는 '벌거벗은 임금님' 타입.

이 타입의 특징은 자기애와 인정 욕구가 대단히 강하다는 것이다. 자기 자신을 너무 좋아하고 타인에게 인정받고 싶다는 욕구가 매우 강하다.

그래서 더욱 자신의 능력을 타인에게 인정받으려 하고, 무슨 일에서든 자신의 우월감을 과시하려고 한다.

어떤 회사에 새로운 관리자가 들어왔다. 그는 기존의 방식을 답습하지 않고 자신이 고안해낸 새로운 방식을 시도하려고 했다. 그러나 직원들 사이에서는 '기껏 이 방식에 익숙해졌는데 또 바뀐다니'라는 불만의 목소리가 나왔다. 그래도 전임자보다 자신이 일을 더 잘한다는 것을 기필코 보여주기 위해 그 관리자는 자신의 방식을 추진했다. 성과를 올려서 윗사람들로부터 칭찬을 받으려고 했다. 하지만 주변의 의견을 듣지 않고 강압적인 방식을 취했기 때문에 결국엔 실패하고 말았다.

그는 왜 이렇게까지 해서 인정받으려고 했을까? 그것은 사실 자신이 지금 인정받고 있지 못하다고 느끼기 때문이다. 그것이 말과 행동으로 고스란히 드러나는 사람은 타인이 봤을 때 '벌거벗은 임금님'인 것이다.

확실한 실적을 올리고 있고, 이미 인정받고 있다고 느끼는 사람, 자신감이 있는 사람은 그것을 과시하려고 하지 않는다. 예를 들어, 올림픽에서 금메달을 딴 사람은 '나, 금메달 땄어'라고 일일이 자랑하고 다니지 않는다. 왜냐하면 사람들이 이미 그 사실을 잘 알고 인정하고 있기 때문이다. 실력이 어중간한 사람일수록 인정받고 싶다는 욕구를 대놓고 드러내게 마련이다.

앞서 말한 '왕' 타입과 이 '벌거벗은 임금님' 타입은 이름은 비슷하지만 전혀 다르다고 생각하는 게 좋다. 두 가지 타입 중에서는 '왕' 타입 쪽이 더 위험하다. 타인을 지배하려고 하기 때문이다. 그에 비해 '벌거벗은 임금님' 타입은 딱히 해가 되지는 않는다.

그저 자기애가 강하기 때문에 '제발 나를 인정해줘. 나는 이렇게 대단해'라고 말하고 있을 뿐이다. 이들은 인정받고 싶다, 칭찬받고 싶다는 생각을 항상 갖고 있다. 한마디로 자신을 어필하고 싶은 마음이 절실한 사람이다.

'벌거벗은 임금님' 타입의 행동은 공작새의 구애 행위와 비슷하다. 공작새가 나를 봐달라고 날개를 펼치듯 말하고 행동하는 것이다. 그런데 그 정도가 심하기 때문에 주변 사람들을 질리게 만든다.

이들이 놓치고 있는 것은 자신이 간파당하고 있다는 사실이다. 주변 사람들은 속으로 '아, 저 사람 또 시작이야'라고 생각하는데 눈치도 없이 계속 잘난 척하는 데만 집중한다.

사실은 내면 깊은 곳에 스스로에 대한 자신감이 없다는 것도 주변 사람들은 다 눈치채고 있다. 어쩌면 그냥 '저 사람 참 불쌍하다, 불쌍해'라고 생각하고 있을지도 모른다. 그 사실을 자기만 모르고 있으니 그야말로 '벌거벗은 임금님' 그 자체인 것이다.

'이미 인정받고 있는 사람은 과시할 필요가 없다.'

3 선망 타입

‘적어도 내가 너보다 낫잖아’

음습한 질투심을 숨기고 서서히 공격하는 것이 이 타입의 특징이다. 일본에는 ‘마운팅 여자(マウンティング女子, 포유류가 교미할 때 하는 행동을 뜻하는 ‘마운팅’에서 파생된 단어이다. 2014년 여성들 사이의 마운팅에 주목한 다키나미 유카리의 『여자는 미소로 싸운다 – 마운팅 여자의 실태』라는 책이 발간되었고, 같은 해 사와지리 에리카 주연의 후지TV 드라마 〈퍼스트 클래스〉에 이 단어가 등장하면서 큰 화제가 되었다 – 옮긴이)라는 신조어가 있다.

이 단어는 늘 주변 사람과 자신을 비교하면서 자신이 더 우월하다고 어필하는 여성을 가리킨다.

'나는 키가 크니까 저 여자보다 옷맵시가 좋아.'

'내 남자친구는 저 여자 남자친구보다 연봉이 높잖아.'

이렇게 여자들끼리 '등급'을 매기며 경쟁한다는 것이다. 여성들만 이러는 것은 아니다. 타인과 비교해서 자신의 우월함을 느끼며 존재감을 확인하려는 사람은 남녀 불문하고 많다. 어느 기업에서 신입 사원 면접을 담당하고 있는 사람으로부터 이런 이야기를 들은 적이 있다.

"구직자들 몇 명이 모이면 즉시 '서열 전쟁'이 시작돼요. 스스로 서열을 매기지 않으면 불안한 것 같아요. 그룹 면접에서 대여섯 명씩 프리토킹을 시키면 모두 '1번 타자'가 되고 싶어서 한꺼번에 달려들어요.

거기서 금세 허덕이는 사람, 처음부터 꼴찌가 돼서 끝까지 만회하지 못하고 불만이 가득한 채로 돌아가는 사람도 생기죠. 40분 정도의 규정 시간 내내 그야말로 '서열 배틀'이 벌어져요. 하지만 서열에서 1번을 따낸 후보자를 채용하는가 하면, 꼭 그런 것도 아니기 때문에 앞으로 이런 면접은 그만두기로 했어요."

이렇게 사람이 몇 명 모였을 때 꼭 자신이 몇 번째인지를 확인해야 직성이 풀리는 사람들이 있다.

'적어도 내가 저 사람보다는 위잖아'라는 생각이 들어야 안

심하는 것이다. 이들은 서열을 정하지 않으면 불안하다. 그리고 자신보다 위쪽에 있는 사람을 부러워한다.

그것이 인간 세상의 무서운 점이라고 생각한다.

'선망이란, 타인의 행복을 인정하지 못하는 분노이다.'

17세기 프랑스의 명문 귀족, 라 로슈푸코는 이렇게 말했다.

일본의 어느 여배우가 딸의 유치원 입학식에 천만 원이 넘는 명품 정장을 입고 가자 다른 엄마들이 '분위기 파악을 못한다'고 험담을 했다고 한다. 이것이야말로 서열 전쟁에서 아래로 떨어졌다고 느낀 사람이 갖게 되는 '선망'이다.

'마운팅 여자'라는 신조어는 이러한 인간의 성향을 잘 보여준다. 전업주부들 사이에서는 'OO 씨네 남편이 이번에 부장됐나 봐', 'OO가 그 고등학교에 들어갔대', '연봉이 1억이 넘는대'라는 말이 돈다. 이들은 주로 남편의 출세나 연봉, 자녀의 명문 학교 진학 등으로 자신의 존재를 인정받을 수 있기 때문에 이렇게 행동한다.

남성의 경우, 자신의 연봉이나 승진, 출세 여부 등으로 비교적 확실하게 서열이 결정된다. 자기 자신의 능력보다는 남편의 사회적 지위나 자녀의 능력 등에 더 큰 영향을 받는 여성과는 대조적이다. '마운팅 여자' 같은 신조어는 이러한 일본 사회의 특징이 고스란히 반영돼 있다. 젠더 불평등 문제가 완화되고 지금보다 여성의 사회 진출이 더 늘어난다면 또 다른 신조어가 유행할지도 모르겠다.

'자꾸 비교하는 이유는 부럽기 때문이다.'

4 아이 타입

'뭐든 내 맘대로 안 되면 짜증나'

제멋대로인 데다가 상대방이 자신의 욕구를 '받아주는 것이 당연'하다고 생각하는 유아적인 만능감. 이런 생각을 갖고 있는 것이 '아이' 타입이다.

어린아이는 자신이 요구하면 무엇이든 통한다고 생각한다. 물론 아이 때는 그렇게 생각해도 문제가 없다. 하지만 어른이 되어서도 그러면 모두가 곤란할 뿐이다.

이런 사람은 누군가 요구를 거부하거나, 자신의 생각대로 움직이지 않으면 공격 태세를 취한다. 여기서의 공격이란 아이가 마트에서 장난감을 사달라고 드러눕는 것과 같은 행동을 말한다. '나는 특별한 대우를 받는 것이 당연하다', '나의 요구는 누구든 무조건 받아줘야 한다'라고 생각하고 있기 때문이다.

이런 타입은 레스토랑에 갔을 때도 가장 좋은 자리로 안내받는 것이 당연하다고 착각한다. 호텔에 갔을 때도 특별 요금을 지불하지 않으면서 자신에게는 더 좋은 방을 달라고 요구한다. 직장에서 지적을 당하기라도 하면 바로 뾰로통해져서 의욕을 잃거나 반항적인 태도를 취한다.

자의식이 너무 강하기 때문에 주변 사람의 주의나 조언을 받아들일 수가 없는 것이다. 정당한 지적을 받아도 '그 사람이 나빠', '나는 잘못한 게 없어'라고 생각하며 공격을 시작한다. 자기애와 특권 의식 모두 대단히 높다.

이들이 이런 행동을 하는 것은 성장 과정에서 부모나 주변 사람들이 항상 받아주고 무엇이든 허락해주었기 때문이다. 그러니 반대나 한계라는 장애물에는 서투르다. 부모가 그랬듯이 사회에서 만난 사람들이 모든 것을 들어줄 리는 없기 때문이다.

내가 경험한 바로는 주로 대형 병원 원장의 자녀들 중에 이런 타입이 매우 많다. 병원을 이어받기 위해서는 의사 면허가 필요하다. 그래서 병원을 경영하는 부모는 무슨 수를 써서라도 자녀를 의대에 보내려고 한다. 하지만 성적이 우수하지 않으면 입학도 졸업도 어렵다. 어쩌다 재수, 삼수를 하며 힘들게 의사 면허를 따도 다른 일반 병원으로는 가지 못하고 결국 부모의 병원에 입사한다. 그런 사람들은 신입임에도 불구하고 외래 진료에 지각을 하는 등 말도 안 되는 행동을 하니 어처구니가 없다. 그렇게 주변에 폐를 끼치면서도 본인은 대수롭지 않게 생각한다. 이를테면 좋아하는 축구 시합이 있다면 그냥 하루를 제멋대로 쉬어버린다.

의사의 지위도 예전만 못하고 병원 경영도 점점 힘들어지는 시대에 이런 아이 타입이 언제까지 살아남을 수 있을까? 생각해볼 문제이다.

'특권 의식에 젖어 있는 사람은 시련에 약하다.'

5

비극의 주인공 타입

'나는 불쌍한 사람이야'

신기하게도 세상에는 스스로 '약자'나 '피해자'가 되고 싶어 하는 사람이 있다. 그런 '연약한 존재'로서 주변의 비호를 받으면서 한편으로 싫은 사람은 공격하고 싶어 하는 심리가 빤히 보이는 것이 이 타입이며 특히 여성에게 많다.

한 발짝 더 들어가 생각해보면, 이런 사람은 '비극의 주인공'이 되고 싶은 것인지도 모른다.

부장으로 일하고 있는 어떤 남성으로부터 이런 이야기를 들은 적이 있다.

그의 팀원 중에는 20대 여성이 있는데, 그 여성은 근무 시간에 자주 휴대폰을 들여다보고, 별 이유 없이 자리를 비우는 일도 잦았다고 한다. 한마디로 업무에 집중하지 못하는 걸로 보였다. 서류 작업에서도 초보적인 실수가 많았다. 그래서 어느 날은 그녀를 자기 자리로 불러 업무 태도에 대해 주의를 주었다. 그러자 "저는 나름대로 열심히 하고 있는데……"라고 말하면서 바로 눈물을 주르륵 흘리기 시작했다.

예상치 못한 반응에 그는 아무 말도 할 수 없었다. 그녀는 어깨를 떨구며 계속 울었다. 주변에 있던 다른 직원들은 '얼마나 심한 말을 했으면 저렇게 울지'라고 말하는 듯한 비난의 눈초리를 보냈다. 결국 한 여성 간부가 보다 못해 무슨 일이냐며 다가왔다. 그러자 그녀는 목소리를 높여 더욱 심하게 울기 시작했다.

아마도 그녀의 머릿속에는 '나는 피해자, 부장은 가해자, 여성 간부는 도와주러 온 사람'이라는 구도가 떠올랐을 것이다. 그 이후에도 그녀는 누군가가 업무 때문에 조금만 목소리를 높이기만 해도 움찔하거나 두려워했기 때문에 더 신경이 쓰이게 되었다.

나중에 그녀가 이전에 근무했던 부서의 간부에게 이 이야기를 하자, "또 그랬군요. 그 친구는 전부터 그랬어요. 살짝 주의만 줬는데 울어버리는 거예요. 마치 제가 괴롭히기라도 한 것처럼요. 그래서 나중에는 아무도 지적하지 않게 되었어요. 그렇게 서로 눈치보다가 결국에는 다른 부서로 가게 된 거예요."

이렇게 '비극의 주인공' 타입은 주변의 작은 말에도 크게 반응하고 '나는 공격당했다. 심한 일을 당했다. 상처받았다'고 어필한다. 나는 불쌍하다고 호소하며 동정심을 얻으려고 한다. 그리고 항상 피해자인 척한다. 즉 주변 사람들로부터 동정받는 것에 쾌감을 느끼는 것이다.

이 타입은 평소에 생기 없고 우울한 표정을 보이는 경우가 많다. "왜 그래? 무슨 괴로운 일 있어?"라고 물으면 기쁜 듯이 '털어놓기' 시작한다. 그 내용은 불평과 불만뿐이다.

설령 "이렇게 해보면 좋지 않을까?"라고 조언을 해도 "그렇지만……"이라고 말하며 더 심한 '불행 어필'로 대응한다.

이 사람은 자신은 약자이고 피해자이며 괴로운 상태로 있는 것에 만족한다. 그런 상태여야지만 주변 사람들로부터 관심받을 수 있고, 보호받을 수 있다고 느끼기 때문이다. 자신이 그런 존재가 되고 싶어 하기 때문에 어떤 조언도 받아들이지 않는다. 그리고 무엇보다 가장 문제는 이렇게 '나 불쌍한 사람이야'라고 호소하면서 '그러니까 내가 조금은 공격해도 괜찮지'라는 심정으로 누군가를 험담하거나 가해자로 만들어버리는 것이다. '약한 사람'을 연기하면서 상대가 반격할 수 없는 상황을 만들어 교묘하게 공격하는 것이다. 이렇게 '피해자를 가장한 공격자'가 우리 주변에 늘 존재한다는 것을 염두에 두어야 한다.

'관심받는 게 목적인 사람에게 조언은 쓸데없다.'

6 치환 타입

'감히 너까지 나를 무시해?'

가슴속에 쌓아둔 불만이나 울분을 다른 곳에서 전혀 상관없는 사람에게 공격하는 것으로 발산하는 것이 이 타입이다. 버스 회사에서 고객 상담을 하고 있는 사람에게 이런 이야기를 들었다. 어느 버스 기사가 승객이 내릴 때마다 '고맙습니다'라고 인사를 했다. 그러던 어느 날, 한 승객에게 인사하는 것을 깜빡했다. 우연히 그랬던 것뿐이지만 그 승객은 버스 기사에게는 아무 말도 하지 않다가 나중에 고객 상담 센터로 전화해서 항의했다. "왜 나한테만 인사를 안 하는 거죠?"라는 이야기를 몇 시간 동안 반복하며 컴플레인했다.

그날 듣고만 있었던 이 담당자는 "그게 그렇게 화낼 일인가요? 이해를 못하겠어요. 이럴 때는 정말 일하는 게 괴로워요"라고 털어놨다. 최근 이런 컴플레인을 하는 사람들이 늘어나고 있다.

자신만 인사를 듣지 못했다고 해서 왜 그렇게까지 화를 내는 것인지 납득하기 어렵지만, 사실 이 사건은 단순한 계기였을 뿐이다.

이 사람은 아마도 다른 곳에서, 이를테면 가정이나 직장에서 이미 짜증이 쌓여 있었을 것이다. 가족들에게 존경을 받지 못하거나, 직장에서 자기 팀원으로부터 무시를 당했을 것이다. 이미 평소에 스트레스가 쌓여 있어서 화낼 준비가 되어 있는 사람이었던 것이다. 그런데 때마침 버스 기사가 눈에 띄어 폭발했던 것뿐이다. '감히 너까지 나를 무시해'라는 심리가 발동한 것이다.

만약 평소에 스트레스를 쌓아두지 않았더라면 이 정도 일로 버스 회사에 전화해서 몇 시간이나 화내는 일은 없었을 것이다.

평소에 쌓아두었던 스트레스나 짜증을 다른 장소에서 발산하는 것.

이것이 바로 '치환'이다. 집에서는 부인이 이야기를 들어주지 않고 상대도 해주지 않는다. 오히려 욕만 먹고 있다. 회사에 가면 상사에게 혼나기만 한다. 이런 상황에 처해 있는 아저씨는 어디에나 있다. 이들은 스트레스를 발산할 장소가 딱히 없다. 물론 스스로 스트레스를 능숙하게 조절하는 케이스도 있다. 예를 들어 술집에서 한잔하며 부인이나 상사의 험담을 하며 푸는 것도 방법이다. 불만을 털어놓는 것은 분명 비생산적이지만, 스트레스 감소에는 도움이 된다.

하지만 이런 식으로 스트레스를 발산하지 못하면 결과적으로 자신보다 약한 상대에게 치환하게 된다. 희생양이 필요한 것이다. 버스 기사나 지하철 승무원에게 폭력을 행사하는 것도 같은 경우이다. 서비스업 종사자들은 고객에게 함부로 반기를 들 수가 없다. 그 점을 이용해 공격하는 사람들. 그들이 바로 '치환' 타입이다.

'약자만 골라서 공격하는 사람은 대접해줄 필요가 없다.'

7 트라우마 타입

'너도 내가 당한 만큼 당해봐'

자신이 느낀 것과 같은 공포를 자기보다 약한 자에게 맛보게 하는 것. 그와 같은 형태로 공격하는 것이 '트라우마' 타입의 특징이다.

공격을 당했을 때 느끼는 강한 공포감과 깊은 무력감. 그것을 어떻게든 이겨내기 위해서 자신이 당한 것을 자신보다 약한 사람에게 그대로 푼다. 그런 방식으로 과거의 트라우마를 이겨내려는 것이다. 이것은 프로이트의 딸인 안나 프로이트가 말한 '공격자와 동일시'라는 심리 메커니즘이다.

이를테면 학대를 당하며 자란 아이가 어른이 되어 자신의 아이를 학대하거나, 혹은 자신보다 더 약한 사람에게 폭력을 되풀이하는 것이다. 이런 심리 메커니즘은 아이들의 세계에서도 자주 벌어진다. 집단 괴롭힘을 당한 아이가 자신의 괴로움을 어떤 방식으로 이겨낼까? 바로 자신보다 더 약한 아이를 괴롭히는 방식을 택한다. 그런 식으로 자신의 마음을 보상받으려고 하는 것이다. 어른 사회에서도 마찬가지이다.

처음 입사했을 때 선배에게 호되게 당했던 사람이 조금만 승진해도 자기가 당한 것 이상으로 후배를 괴롭힌다. 이런 타입은 회사, 관청, 병원, 대학 등 어떤 사회 조직에서나 존재한다.

회사원을 다룬 어느 TV 드라마에서 조연이지만 대단히 강렬한 인상을 남긴 사람이 있다. 그의 역할은 인사부 차장이었는데, 직원을 불러 힐문하는 장면에서 책상을 두들기며 공격을 하는 것이었다. 한때 그것을 흉내 내는 사람들이 늘어나면서 큰 화제가 되기도 했다. 이런 행동을 하는 사람이 바로 전형적인 '트라우마' 타입이다. 분명 젊은 시절에 자신도 똑같은 일을 상사로부터 당했을 것이다. 이들은 현재로선 공포의 대상지만 어떤 의미에서는 약한 인간이라고 할 수 있다. 자신이 과거에 공격받으며 느꼈던 무력감과 공포, 불안을 스스로 처리할 수 없는 것이다.

스스로 처리할 능력이 없기 때문에 반드시 더 약한 사람에게 같은 공격을 한다. 어떻게 보면 불쌍한 사람이라고 할 수도 있다. 하지만 그렇다고 해서 이런 사람을 그대로 놔둬서는 안 된다. 내버려두면 공격을 멈추지 않기 때문이다.

집단 괴롭힘의 경우도 마찬가지다. 남을 괴롭히는 아이는 애초에 괴롭힘을 당했던 아이였을 확률이 매우 높다. 자신이 당한 대로 누군가에게 되갚고 있는 것이다. 학교에서도 회사에서도 공격은 위에서 아래로 계속 연쇄 반응을 일으키고 있다.

'저 사람은 지금 선배한테 당한 걸
후배한테 풀고 있는가?'

8 사디스트 타입

'네가 힘들어하다니 쌤통이다'

'사디스트' 타입은 타인에게 상처를 주면서 쾌감을 느낀다. 누군가가 자신 때문에 상처를 받고 괴로워하거나 울고 있는데 즐거워하다니 믿을 수 없을지 모르지만 우리 사회에는 이런 사람들이 일정 비율로 항상 존재한다. 이들은 일부러 상대에게 상처를 주고 울리고 싶어 한다.

이것은 내 힘으로는 어쩔 수 없기 때문에 이 타입을 발견하면 알아서 잘 피하는 수밖에 없다.

뉴스에 등장하는 엽기적인 살인 사건의 범인이 이 타입인 경우가 많다.

또 이렇게까지 극단적인 케이스가 아니더라도, 자신의 화를 주체하지 못해 물건을 집어던지거나 고함을 지르거나 하는 등 폭력적인 행동을 하는 사람이 있다. 이들은 상대가 동요하는 모습을 보면 오히려 속이 시원해진다. 타인의 고통에서 '쾌락'을 발견하는 것이 사디스트 타입의 특징이다.

나의 지인이 근무하는 회사에도 바로 이런 타입이 있다고 한다. 지인은 영업직인데 좀처럼 실적이 오르지 않았다. 늦은 시간에 회사로 돌아와 자리에 앉았는데 바로 이 사디스트 타입의 상사가 가까이 다가오는 것 같더니 지인이 앉아 있는 의자 다리를 발로 세게 찼다. 의자에는 작은 바퀴가 붙어 있어서 쉽게 뒤로 넘어가지는 않았지만 그래도 그 충격은 컸다. 상사는 미안하다고는 했지만, 고의로 찬 것이 틀림없었다. 왜냐하면 몇 번이고 같은 일을 반복하고 있기 때문이다. 지인은 이렇게 말했다.

"쳐다보는 시선도 무서워요. 내가 무서워하는 것을 즐기고 있는 것 같아요. 그 눈을 생각하면 지금도 오싹해져요."

또 이런 경우도 있다.

내가 아는 어떤 남자의 여동생은 결혼한 이후 살이 쪄서 고민이었다. 그녀의 남편은 '살을 빼라, 밥을 먹지 마라'라며 일상적으로 잔소리를 했다. 그러나 아무리 다이어트를 해도 요요 현상이 반복되었다.

어느 날, 그 남자는 여동생의 집을 방문해 그들 부부와 함께 식사를 하게 되었다. 그런데 남편이 텔레비전에 나온 뚱뚱한 탤런트를 보더니 "저렇게 살이 쪄서 흉한 사람은 텔레비전에 나오면 안 되지. 살 빼는 방법을 방송국에 알려줄까"라는 말을 쏟아내기 시작했다. 그러자 여동생은 그저 조용히 웃으면서 설거지를 한다며 부엌으로 사라졌다. 그가 여동생의 표정을 살피니 이미 미소는 사라지고 슬픈 표정으로 고개를 떨구고 있었다고 한다. 그는 동생의 남편이 일부러 그녀를 괴롭히기 위해 그런 말들을 쏟아낸다는 사실을 깨닫고 할 말을 잃었다.

'상대가 무서워하는 걸 즐기는 타입은 분명 있다.'

| 2장 |

우선 나의 태도를 바꿔라

말과 행동은 그에 따라온다

기대하는 반응을 보이면 지는 것이다

1장에서 공격자의 '8가지 타입'을 소개했다. 실제로 그런 사람에게 말로 공격받은 경우에는 어떻게 대응하면 좋을까? 심한 말을 듣거나 '위에서 내려다보는 시선'으로 무시당했다면, 즉시 내 마음에도 응급 처치를 해줘야 한다.

우선 공격한 사람의 심리를 생각해보자. 그 사람은 자신의 공격이 도달했는지 아닌지를 확인하고 싶어 할 것이다. 듣기 싫은 말을 하고 나서 상대방이 움찔하거나 욱하거나 상처받는 것을 보고 싶어 한다. 모욕적인 말을 던진 이후에 그 말 때문에 울거나 화내는 상대방의 모습을 보고 싶어 한다. 그러므로 상대가 '기대하는 반응'을 보여서는 안 된다. 그 순간 상대의 페이스에 말려들고 만다. 하이에나가 원하던 사냥감이 되어주는 것이나 마찬가지이기 때문이다.

상대가 부르는 싸움판에 올라가지 마라

특히 '사디스트' 타입은 다른 사람을 파괴하고, 상처 주고, 울리고 싶은 욕망을 갖고 있다. 상대가 유인하는 싸움판에 올라가 그가 기대하는 반응을 보여주지 마라. 상대의 사디스트적 욕망을 충족시켜 주지 않는 것. 이것이 핵심이다.

시인 데라야마 슈지(寺山修司)는 '정신 차리고, 분노하라'(醒めて、怒れ)라고 말했는데 확실히 지당한 말이다. 공격을 받았다고 해서 바로 감정이 격해져 싸움판에 올라가는 것은 바로 상대가 바라는 것이다.

어디까지나 냉정하게 '제정신으로 분노하고, 제정신으로

대꾸하는 법'을 익혀야 한다. 어떻게든 상대가 부르는 싸움판에 올라가지 마라. 감정적으로 반응하여 결국 상대에게 만만한 샌드백이 되지 않으려면 그야말로 차분한 마음의 자세가 필요하다.

애티튜드 1 왜 그런 말을 하는지 생각하라

그렇다면 어떻게 해야 냉정하게 대처할 수 있을까? 우선 '상대방이 왜 이런 말을 할까?' 분석해보자. 상대의 기분을 간파하는 것이다. 그러기 위해서는 상대가 어떤 타입인지 알아야 할 필요가 있다. 예를 들어, "그 옷은 예쁘긴 하지만 내년 되면 유행이 지나가겠네"라고 말하는 친구가 있다고 치자. 이 친구는 선망 타입이다. "무조건 내 말대로 해"라고 부당한 명령을 내리는 상사가 있다. 이 사람은 '왕' 타입이다. 이렇게 머릿속에서 바로 분석하는 것이다.

그러기 위해서는 상황에 압도당하지 않고 냉정하게 상대를 관찰할 줄 알아야 한다. 이를테면 앞 장에서 소개한 버스 회사에 전화를 한 '치환' 타입의 남자를 떠올려보자. 이 남자의 삶을 상상해보자. 그는 사실 외롭고 불행하다. 만약 행복하고 만족스런 삶을 살고 있다면 대수롭지 않은 일로 몇 시간 동안이나 컴플레인하는 데 자기 시간을 쓰지는 않을 것이다.

계속해서 이런 전화를 받는다면 자신이 불리하다고 느끼겠지만, '이 사람은 참 할 일이 없고 불행하구나'라고 생각하면 조금은 마음이 편해진다. 그러면서 내가 그 사람 위에서 내려다보고 있다는 상상을 하는 것이다.

그렇게 되면 "고객님의 기분은 잘 알겠고요, 이만 전화는 끊겠습니다"라고 말할 수 있게 된다.

행복하고 만족스러운 사람은 타인을 공격하지 않는다. 만족스럽지 못하거나 비뚤어진 마음을 안고 있는 사람만이 타인을 공격한다.

그러므로 내가 만약 공격을 당했다면, 나를 공격한 그 사람에게 자신이 불행한 사람이라는 것을 깨닫게 해줘야 한다.

그러기 위해서는 방어적인 자세를 취해서는 안 된다. 내가 마치 상대의 마음을 꿰뚫어보고 있는 듯한, 위에서 그 사람의 모든 것을 다 내려다보고 있는 듯한 인상을 풍겨야 한다. 물론 보자마자 상대의 마음을 파악하는 것은 쉽지 않다.

하지만 회사나 단체에서 함께 생활하는 사람이라면 평소에 그 사람의 언행을 잘 관찰하면 파악할 수 있다.

우선은 차분한 마음으로 '이 사람은 왜 이런 말을 하고 있는지'를 생각해라. 그리고 심호흡을 해라. 크게 한번 숨을 들이마시고 내쉬어라. 흥분된 감정을 가라앉히기 위해서는 심호흡이 효과적이다.

'행복한 사람은 굳이 다른 사람을 괴롭히지 않아.'

애티튜드 2

그 사람의 감정은 그 사람의 것이다

내가 공격을 받았을 때는 '내 탓이야', '내가 나빴어'라는 생각을 해서는 안 된다. 타인을 공격하는 사람들은 '당신이 나쁘다. 당신한테 이런 나쁜 점이 있으니까 내가 당신을 비난하고, 책상을 두들기고 있는 것이다'라는 취지의 발언을 한다. 당신이 죄책감을 느끼게끔 만드는 발언이다. 이것이 그들의 전략이다. 그러니 절대로 그 취지에 부응해서는 안 된다. 물론 내가 정말로 중요한 잘못을 한 경우도 있을 것이다. 그런 경우는 반성하고 고쳐야겠지만, 여기서 중요한 것은 모든 것이 내 탓이라고 믿어서는 안 된다는 것이다. 상대가 자신의 욕구 불만이나 스트레스를 당신에게 쏟아내고 있는 것일 수도 있기 때문이다. 공격적인 사람을 상대할 때는 '상대의 감정과 나 자신의 감정에 경계선을 긋는 것'이 중요하다. 상대방의 감정은 그 사람의 것이지 내 것이 아니다. 그가 흥분한다고 해서 나까지 거기에 휘말려들 필요가 없다는 것이다.

앞 장에서 설명한 '비극의 주인공' 타입은 주로 '나는 정말 불쌍한 사람이야', '나는 약자이고 피해자잖아'라는 메시지를 피력하면서 당신의 감정을 공략한다. 약하다는 점을 무기나 방패로 삼는 것이다. 실수를 저질러놓고도 쉽게 용서받을 수 있다고 생각한다. 특히나 이런 타입에게는 감정적으로 휘말릴 위험이 있다. 바로 이런 사람을 대할 때 감정의 '선 긋기'가 필요하다.

'당신의 감정과 나의 감정은 다릅니다. 당신과 나는 다른 인간입니다.'

이런 자세로 감정의 선 긋기를 확실히 해야 한다.

지금 이런 사람이 내 눈앞에서 화를 내고 있다고 생각해보자. 눈을 희번덕거리면서 화를 내고 있다. 혹은 닭똥 같은 눈물을 흘리면서 피해자 코스프레를 하고 있다. 또는 비아냥거리는 대사를 내던지고 나서 사라졌다. 이것이 바로 이 사람의 공격 방식이다. 하지만 이들이 얼마나 화를 내든, 울부짖든, 심한 말을 하든, 그것이 내 마음에 침투하기 전에 공중에서 증발해 사라지는 것이라고 상상해보자. 마치 내 몸을 둘러싼 강력한 방어망이 있다고 생각해보는 것이다.

그렇게 할 수 있다면 당신은 이미 냉정한 마음으로 마치 위에서 아래를 내려다보듯 상대의 마음을 꿰뚫어볼 수 있는 자세를 갖추게 된다.

그들의 감정은 어디까지나 그들의 것이다. 당신의 감정도 어디까지나 당신만의 것이다. 그것을 잊지 말아야 한다.

이렇게 생각하자!

'저 사람이 화가 나는 건 내 탓이 아니야.'

애티튜드 3 이 모든 것이 인생 경험이라고 받아들인다

아무리 이렇게 결심한다고 해도 막상 타인으로부터 공격을 받으면 도저히 냉정하게 있을 수 없는 사람, 쇼크를 받아 몸이 굳어지는 사람도 많을 것이다. 몸이 저절로 반응해버려서 도저히 결심한 대로 실행이 안 되는 것이다. 표정 관리가 안 되거나, 말문이 막히거나, 눈물이 쏟아질 수도 있다.

그럴 때 상대는 더욱 나를 무시할지도 모른다. "울면 다야?"라며 더 화를 낼지도 모른다. 많은 사람들이 이런 상황에서 어떻게 해야 하는지를 묻는다.

"저는 도저히 냉정해질 수가 없어요. 막상 공격을 받았을 때, 감정이 폭발해버리는데 어떡해요?"라고 말이다.

나는 이런 경우 감정을 억누르지 말고 그대로 표출하라고 말한다. 마치 상대방의 심리를 위에서 내려다보는 것처럼 조망하라는 것이 내 감정을 속이라는 말은 아니다. 감정을 드러내지 않고 안으로 쌓아만 두면 결국에는 내 몸에 영향을 미친다. 지나치게 마음을 숨기기만 하면 감정의 출구가 사라져버려서 나중에는 어떻게 표현해야 하는지도 잊어버린다. 결국에는 몸이 아파 드러눕게 된다.

데라야마 슈지는 '분노라는 것은 배설물과 같은 것이라 일정량이 뱃속에 쌓이면 결국 분출할 수밖에 없다'고 썼다.

그러므로 감정을 억제할 수 없다면 조금씩 밖으로 드러내라. 물론 감정을 있는 그대로 드러내면 '상대에게 무시당할까봐' 걱정이 될 수도 있다. 이때 한 가지 팁이 있다. 감정을 있는 그대로 드러낼 때에도 '얼굴을 들고 상대를 정면에서 응시하는 것'이다. 울면서도 상대의 얼굴을 쳐다봐라. 경직되어 아무 말도 할 수 없어도 상대의 눈을 지그시 바라봐라. 이런 제스처는 '나는 이 정도로는 도망가지 않는다'라는 의사 표현이다. 그러고 나서 마음이 안정되면 다음 장에서 소개하는 말로 '응수'해보자.

중요한 것은 아무리 공격을 받아도 마음속으로 '지금 나는 인생 경험을 쌓고 있다'라고 스스로에게 말해주는 것이다.

'이걸로 오늘도 또 경험을 쌓았네. 이제 곧 나는 천하무적이 되겠어'라고 마음속으로 되뇌어보는 것이다. 역으로 생각해 보면 이런 경험을 쌓지 못한 사람은 인간관계에 매우 취약한 사람으로 전락한다. 지금 당장 이런저런 말을 들어 속상할 수도 있지만, 이 일로 또 한 번 인생 경험을 쌓았다고 생각하면 된다.

최근에는 대학을 졸업할 때까지 자신의 부모나 선생님에게 싫은 소리를 들어본 적이 단 한 번도 없는 사람들도 꽤 많다고 한다. 그런 사람은 사회에 나와 쉽게 적응하지 못한다. 회복탄력성이 약하기 때문에 조그만 시련에도 좌절해버린다. 그러니 오늘 나에게 일어난 일이 나를 더 강하게 만들어준다고 생각해보자.

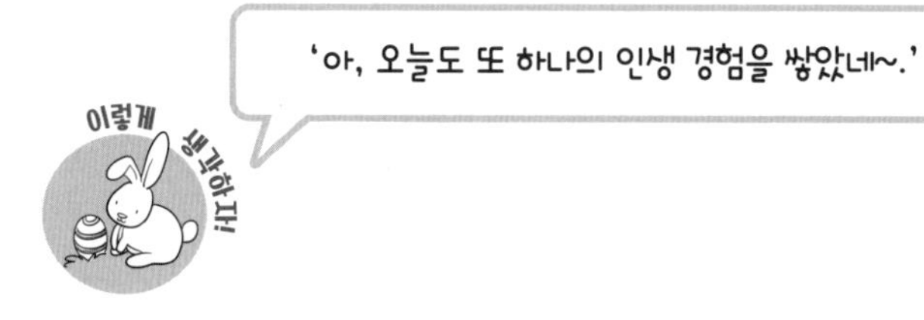

애티튜드 4 모든 사람에게 겸손할 필요는 없다

공격적인 사람, 타인을 괴롭히려고 하는 사람, 악의를 갖고 있는 사람, 정말로 성격이 괴상한 사람 등등 살다 보면 별의별 사람들을 다 만난다. 이런 사람들한테까지 호감을 얻고 인정을 받을 필요는 없다. 누구나 그렇게 생각할 것 같지만 이런 사람한테까지 '좋은 사람'이 되려고 애쓰는 사람을 나는 많이 봤다.

물론 예의 바르고 친절한 사람에게는 나도 그렇게 응해야 한다. 하지만 부당한 요구를 하는 상사나 상처 주는 말을 아무렇지도 않게 하는 친구에게까지 친절할 필요가 있을까? 당신이 모두에게 사랑받고 싶다, 좋은 사람으로 보이고 싶다, 누구에게나 친절해야 한다고 착각하고 있는 것은 아닐까? 누군가에게 미움받으면 그 무리에서 퇴출될까 봐 불안한 것은 아닐까?

그런 불안감 때문에 늘 겸손한 태도를 취하고, 누군가 심술궂게 굴어도 밝게 대응해주는 사람이 많다. 그렇게 친절을 베풀면 언젠가는 상대방도 자신에게 그렇게 해주지 않을까 하고 생각하는 것이다. 하지만 이것은 판타지일 뿐이다. 알다시피 현실은 판타지와는 전혀 다르다.

마키아벨리는 『정략론』에서 '다른 인격을 연기하는 것은 경우에 따라 현명한 방법이 될 수 있다'고 말했다. '항상 좋은 사람'이 아니라 '일시적으로 다른 인격이 되는' 것이 현명한 경우도 있다는 것이다.

자신을 공격하는 사람에게 '좋은 사람'이 될 필요는 없다. 오히려 그런 사람한테는 '너무 좋은 사람'이 되지 않도록 주의하는 게 옳다. 애초에 상대는 나를 공격하고 상처를 주고 괴롭히고 혹은 이용하면서 쾌감을 느끼는 사람이기 때문이다. 그런 사람에게 진정 '좋은 사람'이 되고 싶은가? 내 마음을 솔직히 들여다보며 찬찬히 생각해보자.

'겸손의 미덕'이 통하는 사람은 확실히 있다. 하지만 애초에 글러먹은 사람이 나의 겸손한 태도나 예의 바른 대응 때문에 바뀔 수 있을까? 세상에는 성선설과는 전혀 상관없는 사람들이 분명 존재한다. 그런 사람은 그냥 '그런 사람'이라고 생각하면 그만이다.

마키아벨리도 '겸손의 미덕으로 상대의 거만함을 이길 수 있다고 믿는 자는 잘못을 범하게 된다'라고 썼다. 겸손의 미덕으로 공격적인 상대를 쳐부술 수 있다고 생각하는 것은 오산이다. '내가 겸손하게 처신하면 상대도 태도를 바꿀 것이다'라고 생각했다가는 내가 먼저 파멸하게 된다. 예를 들어 '사디스트' 타입은 처음부터 공격에 절대 저항하지 않고 반격하지 않을 것 같은 '좋은 사람'만을 골라 공격한다.

그러므로 누구에게나 친절하고 온화한 태도를 잃지 않는 '좋은 사람'일수록 오히려 공격받기 쉽다. 반복해서 말하지만 성선설만으로는 이 세상을 살아갈 수가 없다.

환자들 중에도 공격적인 사람이 있다. 마치 자신은 환자이기 때문에 무엇이든 용서받을 수 있다고 생각하는 것 같다. 그들은 간호사에게 성희롱을 하거나 폭언을 내뱉는다. 어이없게도 폭력을 행사하는 경우도 있다. 그런 경우에는 나도 의사로서 "그만하세요"라고 확실하게 말한다.

예전에 입원 중에 성희롱과 폭언, 폭력을 반복하여 강제로 퇴원을 당한 환자가 있었다. 그가 다시 몸이 나빠져 구급차를 불렀다. 그런데 그는 구급차가 도착하자마자 늦었다고 화를 내며 또다시 구급대원을 때렸다. 구급대원은 바로 경찰을 불렀고 그 환자는 상해죄로 체포되었다. 이렇게 폭력이 습관이 되어버린 사람에게는 의연하고 단호한 태도를 취하지 않으면 안 된다.

'나를 공격하는 사람한테 겸손할 필요는 없잖아?'

애티튜드 5

바꿀 수 없다면 연기해도 괜찮다

솔직히, 인간의 성격이라는 것은 본질적으로 바뀌지 않는다. '세 살 버릇 여든까지 간다'라는 속담이 말해주듯 웬만한 생사의 기로에 서본 적이 있는 사람이 아니라면, 인간은 좀처럼 변하지 않는다. 그렇다면 어떻게 해야 할까?

나는 좀 다른 방법을 권유하고 싶다. 내가 나를 바꾸기는 힘들지만, 타인에게 어떻게 보일지를 '연기'할 수 있다는 점을 활용해보자는 말이다. 앞서 말한 마키아벨리의 말을 떠올려보자.

'다른 인격을 연기하는 것은 경우에 따라서 현명한 방법일 수 있다.'

인간은 본질적으로 바뀌지 않지만, '다른 인격을 연기하는 것'은 가능하다. 원래 인간은 누구나 어떤 의미에서 '다중 인격'이다. 누구에게나 어떤 사람 앞에서는 이런 인격을 보이지만, 또 다른 사람 앞에서는 전혀 엉뚱한 인격을 표출한 경험이 있을 것이다.

내가 회사에서 보여주는 인격, 친구들 사이에서 드러내는 인격, 가족 안에서 보여주는 인격은 모두 제각각이다.

회사에서는 거만한 캐릭터인 아저씨가 집에서는 아내 눈치를 보는 소심한 남편인 경우는 얼마든지 있다. 우리는 이렇게 여러 개의 인격을 갖고 생활하고 있다. 그것을 인정하고 이른바 '초다중 인격'으로 살아가면 된다.

'다중 인격'은 몇 가지의 인격이 삼각형이나 육각형과 같은 형태를 이루고 있는 것이나 마찬가지라서 그 각이 눈에 띈다. 그에 반해 '초다중 인격'은 각이 매우 많아지기 때문에 전체로 봤을 때는 원형에 가까워진다. 따라서 오히려 각이 눈에 띄지 않는다.

즉, 상대에 따라 그때그때 자신의 태도를 바꿔보라는 것이다. 항상 진실된 나의 모습을 보여주려고 애쓰지 않아도 된다.

'항상 진실된 모습을 보이려고 애쓰지 않아도 돼.'

애티튜드 6

내 몸이 싫으면 싫은 것이다

그런데 악의적인 공격이 아닌, 상대가 정말로 나를 위해 조언하는 경우도 있다. 정말로 나를 위해서 해주는 말이지만 듣기가 싫은 경우가 있게 마련이다. 이런 상황을 제대로 구분할 필요가 있다. 회사 생활을 하다 보면 "당신에게 기대가 많기 때문에 이런 말을 하는 것이다"는 선배의 조언을 들을 때가 있다. 이때 그 사람이 진심으로 가르쳐주고 싶어 하는지, 아닌지를 꿰뚫어봐야 한다.

그 선배가 분명 호되게 지적하고 있는데 그것이 악의적인 공격인지, 아니면 진지하게 받아들일 가치가 있는 지적인지를 어떻게 구분할 수 있을까? 이것을 판단하는 능력을 갖기 위해서는 우선 나 자신의 몸과 마음에 믿음이 있어야 한다. 내 몸과 마음은 솔직하게 반응하게 되어 있다. 그것을 제대로 관찰하기만 하면 된다.

예를 들어 어떤 사람에게 심한 말을 들었다고 치자. 그 사람은 '당신을 위해서 해주는 말'이라고 표현한다. 하지만 그 말을 듣고 몸이 너무 축 처진다거나 우울한 마음이 드는가? 그런 말을 하는 사람을 왠지 만나기가 싫어지는가? 만약 그렇다면 그것은 악의적인 공격이라고 봐야 한다. 내 몸과 마음은 '리트머스 시험지'이기 때문이다.

내가 아는 어떤 여자의 남편은 회사 선배와 술을 마신 날에는 반드시 술주정을 한다. 그 선배는 "다 너를 위하니까 이런 말도 해주는 거야"라고 입버릇처럼 말한다. 마치 은혜를 베푸는 듯한 태도로 공격한다. 그래서 그 선배와 술 마신 날에는 어김없이 술주정을 하게 되는 것이다. 그도 어느 날, 그것을 깨닫고 나서 더 이상 그 선배를 만나지 않았다. 그리고 술주정하는 버릇은 사라졌다. 이처럼 우리의 몸과 마음은 리트머스 시험지와 같다. 그러니 자신의 직관을, 몸과 마음의 반응을 꼭 믿기 바란다. 지금까지는 공격에 대응하는 '마음의 준비'에 대해 말했다.

이제부터는 '실전'으로 들어가 이야기해보자.

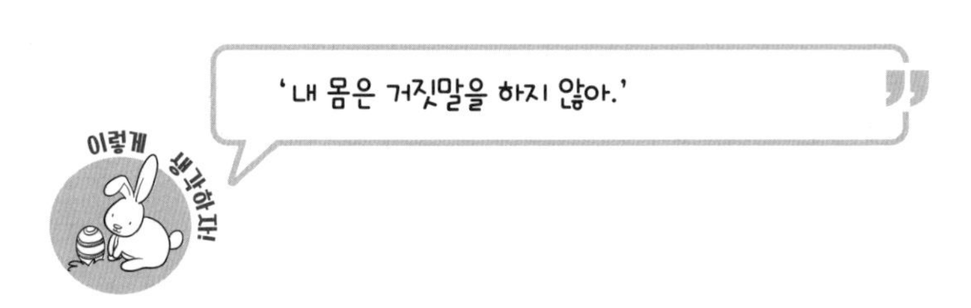

| 3장 |

어떤 상대도 두렵지 않은 '7가지 대화 작전'

이런 '반격'에는 이길 자가 없다

어떤 막말에도 대응법이 있다

내가 제안하는 반격의 방법은 공격한 상대와 같은 싸움판에서서 맞붙어 싸우기 위한 테크닉이 아니다. 자기 자신의 마음을 지키면서도 상대의 공격을 '겉돌게' 만드는 기법이다. 갈등과 흥분으로 고조되는 분위기를 누그러뜨리고, 더 나아가 같은 상황을 반복하지 않게 하는 기술이다. 즉 '싸워서 이기는 법'이 아니라 '싸우지 않는, 싸움을 피하는' 어른의 대응법이라 할 수 있다. 그러기 위해서 '현명한 말'을 선택해야 한다.

1장에서 말했듯이 우선 공격자를 타입별로 분석해서 속마음을 간파해야 한다. 그들이 내뱉는 심한 말, 도발적인 말, 친절한 말처럼 보이지만 실제로는 헐뜯는 말. 온갖 종류의 말들 안에는 다양한 감정과 심리적 배경이 숨어 있다. 그것을 알아봐야 한다.

설령 상대가 바뀌어도, 상황이 바뀌어도, 공격적인 말의 '내용'이 바뀌어도, 그것에 '반박하는 요령'은 바뀌지 않는다. 이것은 크게 7가지로 나눌 수 있다. 이것을 바탕으로 반격을 날리는 '대사'를 제시하겠다. 어떠한 공격이 들어와도 이 중에서 사용할 수 있는 대사가 분명 있을 것이다.

작전 1

반사하기

상대의 말을 그대로 되돌려준다

빈정거리거나 싫은 소리, 잘난 척하는 대사를 날리는 사람의 속마음을 다시 한 번 이야기하겠다. 그 속에는 공포와 선망, 자신이 우위에 서고 싶다는 심리가 깔려 있다. 그것을 거꾸로 이용하면 아주 효과적이다.

바로 상대의 발언을 '앵무새처럼' 그대로 따라 하는 것이다. 예를 들어 "너는 참 머리가 나쁘구나"라는 말을 들었을 때 "머리가 나쁘다니, 그게 무슨 뜻이죠?"라고 되묻는 것이다.

또한 잘난 척하는 멘트를 들었을 때 선수를 쳐서 '당신의 속마음은 내가 이미 간파하고 있다'는 메시지를 은근히 전달하면서 무력하게 만들어야 한다.

이것을 이미지화하면 마치 상대에게 거울을 보여주면서 '그런 감정을 갖고 있다니 부끄럽지 않니?'라고 압박하는 모습이다. 거울에 비친 자신의 모습을 깨닫고 부끄러움을 느끼게 만드는 것이다.

앵무새처럼 따라 하기

공격자 : "너는 참 머리가 나쁘구나."

나 : "머리가 나쁘다니, 그게 무슨 뜻이에요?" → 케이스 1 참고

잘난 척을 할 때

공격자 : "내가 말이야, 왕년에 엄청 잘나갔잖아."

나 : "아, 네. 역시 대단하시네요!" → 케이스 16 참고

선수 치기

공격자 : "내가 말이야, 학교 다닐 때,

나 : (공격자의 말이 채 끝나기 전에)"아, 네. 엄청 잘나갔다는 이야기하시려는 거죠?" → 케이스 9 참고

겉으로는 찬성하기

공격자 : "사람이 겸손해야지. 요즘 좀 잘나간다고 고개 빳빳이 들고 다니지 마."

나 : "맞는 말씀입니다. 그런데 무슨 일이시죠?" → 케이스 7 참고

작전 2 사오정처럼 반응하기

전혀 다른 화제를 꺼내 상대의 말을 무력하게 만든다

욱하게 만드는 모욕적인 한마디, 도발적인 말, 쓸데없는 험담. 이런 싫은 대화에서 벗어나는 재치 있는 방법 중 하나는 바로 '사오정 작전'이다. 말귀를 못 알아듣고 엉뚱한 답변을 하는 사오정처럼 말해보는 것이다. "그러고 보니까 말이죠", "있잖아"라면서 지금 대화의 흐름을 끊고, '전혀 다른 화제'를 꺼내는 것이다.

엉뚱한 말이라도 좋으니 지금 하고 있는 대화 내용과는 전혀 관계가 없는 화제를 꺼내거나 자신이 하고 싶은 이야기를 하는 것이다. 이때 지위가 높은 사람을 상대하는 거라면 그날의 뉴스나 날씨처럼 무난한 이야기를 꺼내면 좋다. 친구나 동료라면 취미나 텔레비전 프로그램 등 즐거운 화제를 꺼내면 순조롭게 넘어갈 것이다.

내가 원하지 않는 부정적인 대화에 상대방이 자꾸 나를 끌어들이려고 해도, 내가 넘어가지 않으면 그만이다. 화제를 다른 방향으로 유도하는 전략으로 어디까지나 친절하고 예의바르게 나쁜 대화에서 빠져나오자.

엉뚱한 말로 응수하기

"아, 근데, 오늘 아침 뉴스 보니까……." → 케이스 4 참고

내가 하고 싶은 이야기 꺼내기

"그건 그렇고, 그 영화 봤어?" → 케이스 20 참고

작전 3 화살 피하기

상대에게 그건 내가 들어야 할 말이 아니라는 것을 알려준다

'치환' 타입이나 '트라우마' 타입이 부당하게 던지는 전혀 근거 없는 공격. '선망' 타입이나 '비극의 주인공' 타입이 쏟아내는 불평불만들. 애초에 방향 설정이 잘못된 이런 말들은 듣고 있으면 기분만 나빠질 뿐이다. 이런 경우에는 불만의 화살을 나로부터 빗나가게 하는 것밖에는 대처법이 없다.

"그런 말을 저한테 해봤자 곤란할 뿐이에요"라고 정면에서 '방패' 역할의 말을 건네면서 내가 그 사람의 타깃이 되는 것을 거부해야 한다. 또는 내가 먼저 이야기를 자르고 그 장소를 떠나는 게 좋다.

도저히 연을 끊을 수 없는 사이이거나 중간에 피하기 힘든 상대라면 '굳이 칭찬해주기'가 효과적일 때도 있다. 칭찬을 싫어하는 사람은 없다. 자신을 칭찬해주는 사람을 공격하기는 쉽지 않기 때문이다.

부당한 공격을 가하는 사람들은 무언가 가슴속에 욕구 불만을 안고 있는 것이 특징이다. 그래서 그것을 누군가에게 털어놓지 않고는 못 견디는데 운 나쁘게도 내가 걸려든 것이다. '굳이 칭찬해주기'로 자존심을 높여주고 그 사람의 욕구 불만이 해소되게 도와주면 된다.

방패 만들기

"저한테 그런 말씀을 하셔봤자 곤란할 뿐이에요." → 케이스 10 참고

대화 끝내기

"무슨 말씀하시는지 알겠고요. 전 이제 그만 가봐도 되죠." → 케이스 17 참고

일부러 칭찬해주기

"그건 그렇고, 네 옷 멋지다." → 케이스 14 참고

작전 4 '한 단계 위'에 서기

내려다보는 자세를 취하면 여유가 생긴다

타인을 공격하는 사람은 기본적으로 불행하고 외로운 사람이다. 그런 사람을 대할 때 '이 사람은 불쌍한 사람이구나'라고 한 단계 위에서 냉정하게 내려다보는 마음가짐을 갖고, 현명하게 대처해야 한다.

예를 들면, 격분해서 화를 내고 있는 사람에게는 "조금만 침착해주세요", "지금 말씀이 너무 빠르셔서요……"라고 냉정한 자세를 견지하면서 신랄한 의견을 말해준다.

듣기 싫은 말에는 "그것 참 재미있는 의견이네요"라고 약간의 유머를 섞어서 받아치자. 혹은 손짓 몸짓만으로 감정을 표현하는 것도 좋다. 굳이 아무 말도 하지 않고, 눈을 크게 뜨고 어깨를 으쓱하거나, 의연하게 미소만으로 대응하는 것이다. 이렇게 공격을 받아도 여유 있는 자세를 보여주면 전세는 역전된다. 자신이 한 단계 위에 있기 때문에 상대가 돌진하여 싸우려고 들어도 정면충돌을 피할 수 있고 평정심을 유지할 수 있다.

냉정하게 관찰하고 말하기

"침착해주세요."

"지금 말씀이 너무 빠르시니, 다시 한 번 말씀해주시겠어요?"

→ 케이스 11 참고

유머로 받아치기

"그것 참 재미있는 의견이네요." → 케이스 8 참고

손짓 몸짓

눈을 크게 뜨고 어깨 움츠리기, 미소로 응시하기. → 케이스 2 참고

작전 5

주위를 내 편으로 만들기

사적인 곳에서 공개적인 곳으로 이동하라

애초에 공격이라는 것은 '가해자와 피해자'라는 양자 관계에서 일어난다. '가해자'가 '다른 사람은 보고 있지 않다'고 생각하면, 공격에 점점 더 속도가 붙어 제동을 걸 수 없게 되고 '피해자'는 점점 더 괴로워진다.

이때 주변 사람들을 끌어들이면, 단번에 분위기를 바꿔버릴 수 있다.

예를 들면, "정말 무례하시네요", "그건 아니라고 생각합니다"라고 주변 사람들에게 다 들릴 정도로 큰 목소리로 말하는 것이다. 이렇게 하면 두 사람 사이에서 일어난 '사적인 사건'

이 '공개적인 사실'로 급변한다.

그리고 사람들의 이목이 집중되면 누구라도 비열한 수단을 쓰기가 어려워지기 때문에 상황을 뒤집을 수 있다. 그럼에도 상대가 공격을 멈추지 않는다면 "알겠습니다. 지금 말씀하신 것을 ○○ 씨에게도 보고하겠습니다" 또는 "사장님과 상담하겠습니다"라고 말해라. 상대가 두려워하는 존재를 화제로 끄집어내는 것이다. 이 말 한마디로 충분히 상대의 공격에 제동을 걸 수 있다. 상대가 너무 심한 경우에는 '나 혼자만의 힘으로 어떻게든 하려고 하지 않는' 것이 대단히 중요하다.

주변 사람들에게 다 들릴 정도로 큰소리로 어필하기

"무례하시네요."

"심하시네요."

→ 케이스 18 참고

상대가 두려워하는 존재를 이용하기

"그 건은 제가 아니라 ○○ 씨가 결정한 거예요."

→ 케이스 12, 25 참고

작전 6

직접적으로 감정 전달하기

상대를 부끄럽게 만들어라

많은 사람이 싸움에 말려드는 이유는 더 심한 말로 응수하기 때문이다. 상대가 '말의 무기'로 공격했을 때, 역시 같은 무기로 대응하면서 더 심한 말로 대응하기가 쉽다. 그런데 그렇게 하다 보면 언제까지고 말싸움 전쟁이 끝나지 않게 된다.

내가 먼저 '나는 당신을 공격할 생각이 없습니다'라는 의사를 전달하고, 무기를 내려놓는 것도 시도해봐야 할 방법이다.

예를 들어 그냥 "지금 그 말에 상처받았어요"라고 말하는 것이다. 그러고 나서 "당신을 미워하고 싶지는 않아요. 그러니까 그런 말은 하지 말아주세요"라고 말하면 그 어떤 상대라도 부끄러운 생각이 들 것이다.

무기를 다 내려놓은 상대에게까지 집요하고 끈질기게 공격하는 사람은 그렇게 많지 않다. 만약 있다면 진정한 사디스트이기 때문에 '비뚤어진 성격을 고칠 약은 없다'고 생각하고 동정의 시선으로 바라보자.

직접적으로 감정을 전달하기

"지금 그 말 때문에 상처받았어요."

→ 케이스 23 참고

마법의 한마디

"당신을 미워하고 싶지 않으니, 그런 말은 하지 말아주세요."

→ 케이스 29 참고

작전 7

상대방의 기대 저버리기

공격할 의지를 무너뜨려라

공격하는 사람은 상대가 상처받은 모습을 보이거나, 화를 폭발하며 흥분하기를 기대하고 있다. 즉, 자신의 언행으로 상대가 '불행해지면 좋겠다'고 생각하는 것이다.

그러니 어쩌면 가장 좋은 것은 '당신이 그런 말을 해도 나는 하나도 신경 안 써요', '당신이 그런 공격을 해봤자 내 행복과는 아무 상관이 없어요'라는 메시지를 담은 말과 태도를 전달하는 것이다.

무례한 말이나 빈정거리는 말을 들어도 태양같이 눈부신 미소를 보이고, 다른 화제를 꺼내라. "아~그래요?"라고 상쾌한 얼굴로 지나친다. 비교를 당해도 '나는 그런 것에 관심 없어요'라는 태도로 차단한다. 이렇게 '기대를 저버리는' 대응이야말로 상대의 공격을 가장 무력화시키는 것이다.

눈부신 미소

"다음에 같이 놀러 가지 않을래?" → 케이스 15 참고

상쾌한 표정으로 지나치기

"아~ 그래요?" → 케이스 2 참고

서열에서 내려오기

"나는 너무 행복해." → 케이스 19 참고

다음 장부터는 일상생활에서 벌어지는 다양한 상황을 예로 들어 설명해보겠다.

우선은 상하 관계이기 때문에 더욱 풀기 어려운 직장생활부터 이야기해보겠다.

| 4장 |

이 한마디로 '기분'도 '일'도 술술 풀린다

직장생활이 상쾌해지는, 이기는 대화법

어려운 상하 관계에도 해결책은 있다

어쩌면 가족보다 더 많은 시간을 함께해야 하는 직장 동료와 상사. 날마다 만나 함께 일을 해야 하는 이들과의 관계는 사실 그 어떤 인간관계보다 불안정하다. 함께 일을 도모해야 하기 때문에 동료애가 생길 수도 있지만 그와 동시에 서로 경쟁하는 라이벌 관계이기 때문이다. 그 때문에 많은 사람들은 회사 동료에게 평소에는 의식하고 있지 않아도 잠재적으로 '적대심'에 가까운 감정을 갖고 있다. 이 감정은 어떤 사건이 계기가 되면 공격적인 말로 드러나게 된다. 특히나 지도나 교육이라는 이름으로 공격하는 상사 때문에 괴로워하는 사람은 너무나 많다. 심한 말로 질책하는 상사, 부하를 지배하려고 하는 상사, 장시간에 걸쳐 부하를 세워놓고 설교를 늘어놓는 상사.

이런 행동은 '교육'이라고 말하기에는 부하에게 너무나 큰 고통을 준다. 상사는 권력을 갖고 있기 때문에 '대꾸하고 싶어도 대꾸할 수 없는' 상대이다. 누구나 이런 일을 당하면 마음이 너덜너덜해지고 자신감을 잃게 된다. 그러면 일이 손에 잡히지 않거나 버틸 수 없게 된다.

업무의 내용이나 성과에 대한 것이 아니라, 인간관계 때문에 이렇게 되는 것은 자신에게 엄청난 손실이다.

그런 공격을 가볍게 피하고 직장생활을 원만하게 유지하려면 어떻게 해야 할까? 이제 구체적인 사례를 들어 설명해보겠다.

케이스 1

싫은 소리

'앵무새처럼 반복하기'로 당황하게 만들어라

듣기 싫은 말을 쉽게 하는 사람은 어디에나 있다.

그런 사람은 아무렇지도 않은 듯 유쾌한 얼굴로 쉽게 그런 말을 내뱉지만 듣는 사람은 가슴에 비수가 박힌 것처럼 고통스러워한다.

나의 환자 중 30대의 A는 막말을 하는 동료 때문에 스트레스를 받고 있었다.

A는 신중하고 빈틈없는 성격으로 세세한 것까지 꼼꼼히 확인하는 타입인데 어느 날, 서류 확인에 몰두하고 있었더니 그 동료가 "잘한다. 잘해. 그런 일할 시간도 있고 한가해서 참 좋

겠다"라고 말하며 지나가는 것이었다. A는 그 말에 놀라서 아무런 반격도 할 수 없었다.

사실 그 동료는 일처리가 항상 엉성했다. 그가 만든 자료에도 언제나 오탈자가 있었다. 그것 때문에 상사에게 지적질을 당하기 일쑤였던 것이다.

"왜 그런 사람한테 제가 그런 말을 들어야 하냐고요!"

A는 분통을 터뜨렸다. 그러나 여기서 그 사람이 왜 그런 말을 하는지 생각해봐야 한다. 싫은 소리, 가시가 들어 있는 말을 내뱉는 사람의 내면에 숨어 있는 심리가 뭘까? 그것은 바로 '선망'이다.

"한가해서 참 좋겠다"라는 말속에는 '꼼꼼하게 일을 처리하는 당신이 참 부러워'라는 심리가 깔려 있는 것이다.

자신에게는 그런 능력이 없다는 걸 알고 있기 때문이다.

그런 상대에게 질투가 나서 견딜 수가 없기 때문에 공격적인 성향을 드러내고야 만다. 이 사람이 바로 1장에서 설명한 '선망' 타입이다. 상대방을 '한가하다'고 깎아내림으로써 우월감과 자기애를 충족한다. 또 그렇게 막말을 던져서 상대가 자신감을 잃고 일을 못하게 되면 '자신이 높은 평가를 받을지도 모른다'고 은근히 기대하고 있으니, 이익도 얽혀 있다.

이런 타입은 상대를 깎아내리면 상대적으로 자신의 가치가 올라간다고 착각하고 있다.

이런 듣기 싫은 말에 응수하기 위해서는 '앵무새처럼 반복하기'가 좋다. 단지 상대의 발언을 그대로 반복하는 것이다.

"너 참 한가하구나"에는 "한가하다니, 그게 무슨 뜻이에요?"라고 물으면 된다.

이런 식으로 그 사람의 말을 다시 되묻는 것만으로도 '그런 모욕적인 말을 하다니 너무 무례한 거 아닌가요?'라는 항의의 뜻을 전달할 수 있다. 그러면 상대는 예상치 못한 응수에 당황할 것이다. 이 질문에 솔직하게 대답할 수는 없다. 질투심이나 꼬인 마음에서 표출된 의미 없는 발언이기 때문이다.

그렇기 때문에 자신의 발언을 부끄러워하거나, 혹은 그렇지 않더라도 적어도 같은 말을 다시 하는 일은 없을 것이다.

이 '앵무새' 작전은 모든 '듣기 싫은 발언'에 유효하다.

상사가 "이제 너도 젊지 않구나"라는 말을 하면, "젊지 않다니, 그게 무슨 뜻인가요?" 친구가 "왜 그런 옷을 샀어?"라고 하면, "그런 옷이라니, 그게 무슨 뜻이야?"라고 하면 된다.

이런 식으로 상대의 발언을 그냥 그대로 반복하는 것이다.

이때 무엇보다 중요한 것은 표정과 자세다. 상대를 정면으로 바라보면서 냉정하게 묻는 것이다. 살짝 미소 짓는다면 여유가 느껴져서 더욱 좋다.

또는 순진무구한 표정으로 "정말로 무슨 뜻인지 궁금해서 그래요. 알려주세요"라고 묻는 것도 좋다.

이렇게 하면 유머러스하게 상대를 야유할 수 있다. 그런 멋없는 말을 하는 당신보다 내가 한 수 위라고 어필하는 것이나 마찬가지이기 때문이다. 어느 쪽이건 '그 정도 말로 나는 상처받지 않는다'라는 마음을 전달할 수 있어서 상대방의 발언을 무가치하게 만드는 효과가 있다.

'당신이 나를 부러워하는 걸 잘 알고 있어요.'

마음속으로는 이렇게 속삭이면 된다.

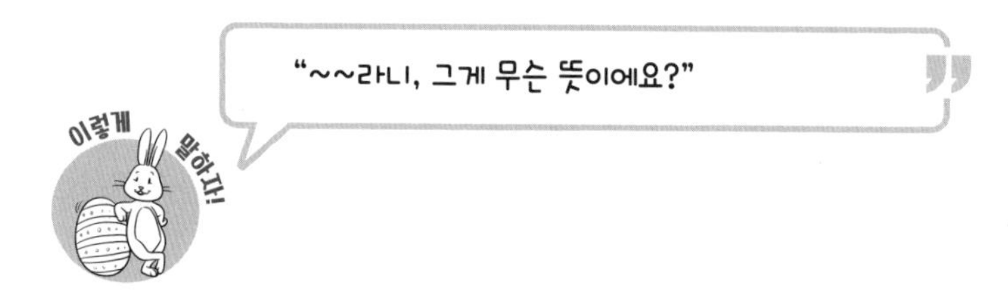

케이스 2

비꼬는 말

'태평한 한마디'로 상대의 기운을 빼라

모든 조직에는 '비꼬는 말'로 마음에 상처를 주는 사람들이 존재한다. 이들의 심리부터 살펴보자. 이들의 마음속에는 '나는 힘들게 살고 있는데, 저 사람은 왜……'라는 심리가 깔려 있다. '실력은 내가 더 나은데, 왜 저 사람이 더 잘나가는 거야'라는 생각에서 비롯되는 것이다.

20대 후반의 B는 회사에서 영업을 맡고 있다.

실적은 괜찮은데 한 가지 고민이 있다.

같은 부서의 남자 선배가 자꾸 비꼬거나 빈정대는 말을 해서 어떻게 대응해야 할지 고민인 것이다.

"당신은 여자라서 좋겠어."

"젊은 여자라는 게 무기야."

이런 말을 듣고 있으면 자기도 모르게 욱하게 된다. 이 선배에게 비아냥거리는 말을 또 듣게 될까 봐 출근하는 것 자체가 너무나 싫어지고 우울해지는 날도 있다.

젊은 여성의 경우 이런 말을 듣고 욱해본 경험이 분명 있을 것이다. 그런데 물론 화가 나겠지만 안심해도 좋다. 남자 선배가 이런 말을 하는 것은 그녀를 마음속 깊이 부러워하고 있기 때문이다.

B는 영업 실적이 좋고 상사의 인정도 받고 있다. 남자 선배는 그것이 부러워서 어쩔 줄 몰라 이런 말을 하는 것이다. 그의 마음속은 '선망'으로 가득차 있다. 자기보다 잘난 사람, 행복한 사람을 봐줄 수가 없다. 게다가 본인이 선배이기 때문에 더하다. 후배의 실적이 능력과 노력 때문이라는 것을 인정하기가 싫은 것이다. 그것을 인정하는 것이 자신의 패배를 인정하는 것처럼 느껴지기 때문이다. 그래서 이런 말을 하는 것이다.

"너는 젊으니까 좋겠다."

"너는 여자니까 좋겠다."

"넌 정말 운이 참 좋구나."

이런 말을 해서 그녀의 실적을 가치 없는 것으로 만들고 싶은 것이다. 결국 자신의 자존심을 지키고 싶어서 하는 말이다.

이런 남자 선배한테는 어떤 식으로 응수해줘야 할까?

"아, 그런가요?"

어깨를 으쓱하면서 이렇게 한마디하고 부드럽게 지나가면 된다. 이 남자 선배는 후배가 자기 말에 상처받는 모습을 보고 싶어 한다. 그 기대를 충족시켜 주지 말라는 거다.

"아, 그런가요?", "어머나, 그런 거예요?"라면서 약간 김빠지는 대답을 해보자. 이 말은 '당신의 말에는 조금도 신경쓰지 않아요'라는 의사 표현으로 훌륭한 역할을 한다. 이런 말을 들으면 그 남자 선배는 더 이상 말로 공격하는 것에는 흥미를 잃을 것이다. 또 아무 말도 하지 않고 손짓 몸짓만으로, 눈을 크게 뜨고 어깨를 으쓱하며 '글쎄요?'라는 표정을 짓는 것도 좋다. '그래요?'라는 듯한 얼굴로, 만족스런 웃음을 보여주는 것도 현명한 방법이다.

이렇게 하면 상대는 기대한 반응을 얻지 못하니 겉돌게 되는 것이다. 싫은 말을 들었다고 해서 일일이 신경을 곤두세우는 것은 나한테 손해다.

'부자는 싸우지 않는다'라는 속담이 있다. 많은 것을 갖고 있는 사람은 싸움 따위 할 필요가 없다는 뜻이다. 그러니 B는 현재 '부자' 즉 이기고 있는 상태이기 때문에 무슨 말을 듣든 신경쓰지 않아도 된다. 그냥 가볍게 지나치면 된다.

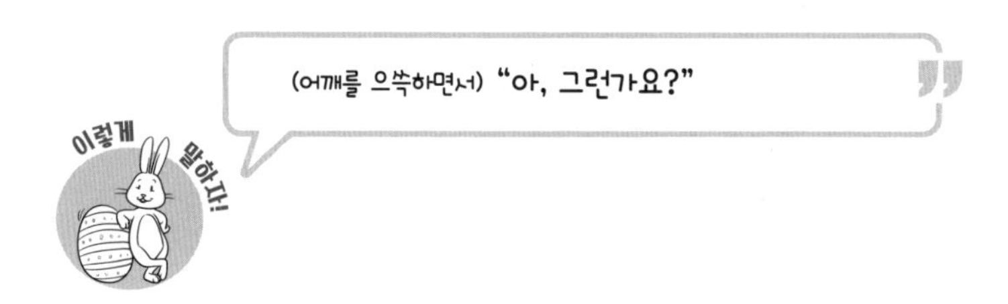

케이스 3

노골적인 라이벌 의식

'칭찬'으로 입막음하라

어떤 세계에도 라이벌은 존재한다. 하지만 상대방은 전혀 라이벌로 생각하지 않는데도 혼자서만 이상한 라이벌 의식에 휩싸여서 공격하는 사람도 있다. 이런 사람에게 '나는 너보다 유능하다'라는 메시지를 계속 받으면 '도대체 왜 저러는 거야?'라는 생각이 들면서 답답해진다.

내가 아는 어떤 20대 남성은 동기가 자주 '바쁘다'고 어필하는 것이 짜증난다고 말한다.

"오늘 회사에서 아침 해가 뜨는 것을 봤어."(회사에서 철야 근무를 했다는 의미)

"집에서 밥을 언제 해 먹었는지 기억도 안 나."(집에는 자러만 간다고 강조)

이런 발언에는 다음과 같은 뜻이 숨겨져 있다.

'나는 많은 일을 맡고 있어.'

'나는 유능하지만 너는 한가하지.'

물론 그냥 무시하면 될 일이지만, 이런 동료의 비뚤어진 라이벌 의식에 진절머리가 날 때, 어떤 결정적 한마디를 날려줘야 할까?

이런 라이벌 의식은 분명히 '자기애'로부터 나온다. 이런 사람은 자신에게 취해 있을 정도로 스스로를 너무 사랑한다. 그래서 주변 사람들보다 자신이 더 우월하다는 것을 꼭 확인해야 직성이 풀리는 성격이다. 이들은 1장에서 설명한 '벌거벗은 임금님' 타입의 축소판이라고 보면 된다. 보기에 따라서는 귀엽다고 봐줄 만하기도 하다. 따라서 이런 경우에는 그냥 솔직하게 칭찬해주면 된다.

"바빠서 힘들겠다."

이거면 된다. 이런 경우뿐만 아니라 나를 공격하는 상대에게 '일단 칭찬한다'는 대처법은 효과적이다. 왜 그럴까?

이런 사람은 '바쁘다는 어필'이란 공격을 하면서 상대가 입을 다물거나, 욱하거나 초조해하거나 뭔가 '움츠러드는 반응'

을 보이기를 기대하고 있다. 하지만 기대하는 반응이 나오지 않으면 공격의 효과가 없었다는 것을 알게 된다.

오히려 움츠러들기는커녕, "아이고, 정말 힘들겠네요"라며 가볍게 칭찬해버리면 당황할 것이다. 이렇게 반격의 기본은 '상대가 기대한 반응을 하지 않는' 것이다.

이런 반응을 반복해서 보여주면 무슨 말을 해도 영향받지 않는다는 것을 그 사람도 깨닫고 더 이상 그런 말을 하지 않게 된다.

"바빠서 큰일이네요!"

"활약이 대단하네요!"

"역시 대단하네요!"

이렇게 칭찬해주는 말로 상대를 넘어트리는 것이다.

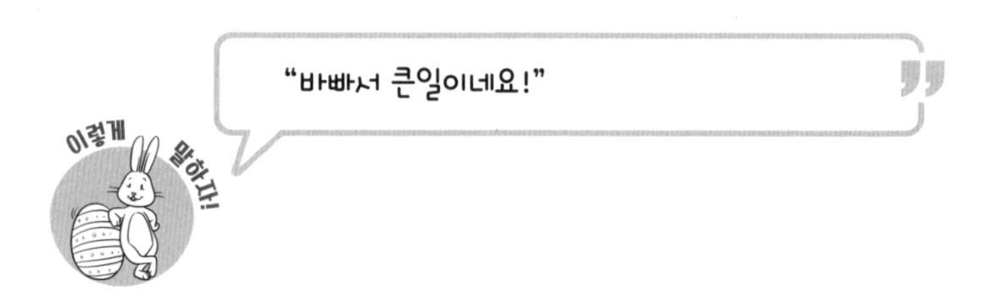

케이스 4

위에서 내려다보는 사람

'엉뚱한 반박'으로 차단하라

'위에서 내려다보는' 태도만큼 사람의 신경을 곤두서게 하는 것은 없다.

"너, 아무것도 모르지." "바보 아니야?"

이렇게 자신은 마치 모든 것을 다 알고 있다는 듯한 말투는 듣는 사람을 화나게 만든다.

이렇게 '내려다보는 시선'으로 말하는 사람에게는 어떤 말로 대처하면 좋을까?

어떤 20대 남성은 회사 동료인 40대 후반의 아저씨 때문에 고민이다.

이야기를 하다가 "그건 뭐예요?"라고 묻기라도 하면, 이 사람은 금세 거만해져서 "어? 사회인이 된 지가 몇 년짼데 이런 것도 몰라? 세상 사람들이 다 아는 건데"라며 어처구니가 없다는 듯한 태도로 말한다.

물론 오래 살면 그만큼 아는 것도 다방면으로 많아질 것이다. 하지만 사람을 무시하는 말투를 써서는 안 된다. 그는 이 아저씨에게 꼭 한마디를 해주고 싶었다.

이 '아저씨'는 어떻게든 상대보다 우위에 서고 싶다는 욕망이 강한 사람이다. 이것이 바로 '자기애'다. 아저씨와 자기애라니 어울리지 않는다고 생각할지 모르겠지만, 누구에게나 자기애는 있다.

그런데 잘 생각해보면 이 '아저씨'는 사실 괴로운 입장에 처해 있을지도 모른다. 왜냐하면 '아저씨'는 나이를 먹었지만 상사도 아니고 그저 동료일 뿐이기 때문이다. 지금 현재 지위로는 이 20대 남성보다 우위에 설 수가 없다. 만약 자신의 지위가 확고하고 능력도 출중하여 이미 '내가 위'라는 것을 스스로 체감하고 있다면 일부러 그것을 과시할 필요가 있었을까?

이 아저씨는 잘난 척을 하거나 위에서 아래를 내려다보는 듯한 말을 하면서 어떻게 해서든 우월감을 느끼기 위해 안간

힘을 쓰고 있다. 자신의 위치가 어중간한 사람일수록 이런 행동을 하는데, 이 사람이 전형적인 유형이라 말할 수 있다. 이 아저씨가 왜 나이를 먹어서도 간부가 되지 못했는지를 생각해봐도 좋다.

"내 말이 무슨 뜻인지 알긴 알겠어?"와 같은 말을 하면서 아마도 주위 사람들에게 반감을 사고 우호적인 인간관계를 쌓지 못한 채 이 나이까지 왔을 것이다. 쓸데없이 적을 만들고 쓸데없이 싸우고 있는 것이라 할 수 있다.

이런 성가신 사람이 하는 말을 진심으로 받아들이면 안 된다. '엉뚱한 반박'으로 차단해주자.

완전히 다른 화제로 이야기를 돌리는 것이다.

쓸데없는 잘난 척만 일삼는 아저씨가, 말이 많은 이웃 아줌마가, 또는 껄끄러운 상대가 말도 안 되는 이야기로 싸움을 걸면 이렇게 반박해주자.

"그러고 보니 오늘 날씨가……."

"일기 예보에서는 오늘 비 온다고 했는데……."

이런 식으로 전혀 관계가 없는 이야기를 꺼내서 상대가 더 이상 말을 못하게 하는 것이다.

이때, 유도하는 화제는 아무거나 좋다. 적당한 시사 뉴스나 무해한 세상 이야기면 된다.

텔레비전 뉴스에 나온 벚꽃 이야기 등으로 화제를 돌려라. 어떻게든 상대의 페이스를 흐트러뜨리고 나의 페이스로 끌고 오는 것이다.

이렇게 하면 자기 혼자 '싸움판'에 올라간 상대를 친절하게 끌어내려주게 된다.

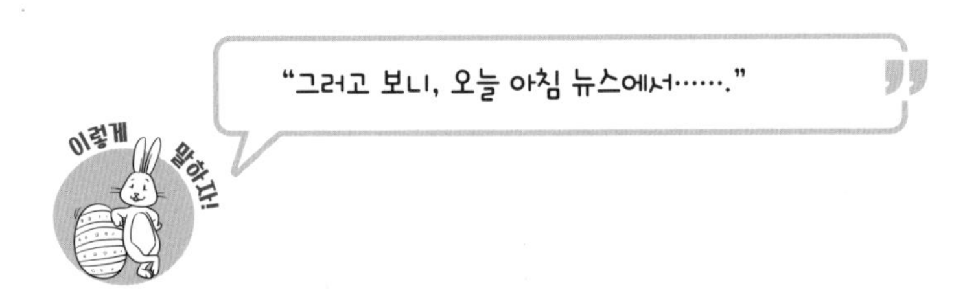

케이스 5

우울한 기운을 퍼트리는 사람

관객이 되지 마라

'그 사람 때문에 회사에 가기 싫다.'

누구나 한 번쯤은 이런 생각을 해본 적이 있을 것이다.

예를 들어 같은 공간에 있는 것만으로도 불쾌한 분위기를 주변에 퍼트리는 사람이 있다. 그런 사람에게는 어떻게 대처하는 것이 좋을까?

회사에 가는 것이 우울하다고 말하는 한 여성의 이야기를 들어보자. 그녀는 가까운 자리에 앉아 있는 동료 때문에 너무나 힘들다고 말한다. 그 동료는 업무 시간에 거래처 험담을 하거나 자꾸 혀를 끌끌 차고 한숨을 쉬는 것이 습관이었다.

이런 사람 옆에 있다 보면 업무에 집중이 되지 않고 같이 이야기를 나누는 것만으로도 기분이 나빠진다. 이 사람은 1장에서 소개한 '비극의 주인공' 타입의 전형이다. 욕구 불만 덩어리와 같은 사람, '우중충하고 생기 없는 사람'이라고 말할 수도 있다.

이들은 항상 자신이 세상에서 가장 불행하다고 착각하며, 피해 의식도 강하다. '우울한 나'를 주변에 어필하면서 관심을 얻으려는 '관종'이다.

이들은 또 타인이 행복한 것을 보면 참지 못하고 분노한다. 내면에 들어 있는 선망 의식이 비아냥거리거나 투덜대는 대사로 표출된다. 그 대신에 어떤 누군가에게 비난이 쏟아지면 '타인의 불행은 꿀맛'이라는 듯이 희희낙락하는 타입으로, 대단히 위험하다.

이런 사람에게 자칫 하기 쉬운 대응은 "왜 그러세요?" "무슨 일이에요?"라고 걱정하는 목소리로 묻는 것이다. 그러면 바로 '관종'의 본령을 발휘하여 불평불만과 고민거리를 쏟아내기 시작할 것이다. 그렇게 '이 사람은 내 말을 들어주는 사람, 나를 동정해주는 사람'이라고 생각하게 되면 끝장이다.

왜냐하면 '비극의 주인공'을 계속 연기하기 위해서는 관객이 필요하기 때문이다. 상대를 해주면 해줄수록 '딱 좋은 관객'이 된다는 것을 절대 잊지 마라. 일일이 진지하게 받아주고 있으면 그 부정적인 감정에 침몰되기 쉽다.

그리고 혹여 그 사람의 부정적인 사고방식을 바꿔주려고 애쓰지 마라. 이런 사람들은 '불행한 자신'이 좋은 것이다. 그러니 무슨 말을 해도 소용이 없다. 절대 바뀌지 않으니 바꾸려는 생각은 깨끗이 단념하는 게 좋다. '관종'은 상대해주지 않는 것이 가장 효과적이다.

따라서 마음속으로 '비극의 주인공이 되고 싶으면 그러세요', '그렇게 한숨을 쉴 때마다 행복이 도망간다고 하던데'라고 중얼거리는 정도가 좋다.

신경을 끄는 것이 가장 좋다.

(마음속으로) '비극의 주인공이 되고 싶으면 그렇게 하세요.'

케이스 6

트집을 잡는 사람

'만만한 사람'이 아니라는 걸 보여줘라

회사는 경쟁 사회다. 어쩌면 일자리를 잃을지도 모르겠다는 생각이 들 만큼 힘든 상황에 처할 때도 있다. 이제는 정규직이라고 해도 안심할 수 있는 시대가 아니다. 이런 치열한 경쟁 사회에서 다른 사람의 업무에 트집을 잡고 밀어내려는 사람이 있게 마련이다.

이직한 회사에서 인간관계로 고민하고 있는 20대의 C. 그녀는 사실 왕따를 당하고 있었다. 회사 사람들 여럿이 뒤에서 그녀에 대해 험담을 했다. 업무상 모르는 부분이 있어서 동료에게 물어봐도 스스로 알아보라며 알려주지 않았다. 일이 많아 야근을 해도 동료들이 '그렇게 야근 수당이 필요하냐'며 빈정거릴 정도였다.

그녀는 어떻게 해야 좋을지를 매일 고민하고 있다. 그런데 회사라는 경쟁 사회 속에서 이런 일을 당한다는 것은 오히려 일을 잘하는 증거일 수도 있다.

이렇게 공격하는 동료는 C가 일을 잘하자 자신의 자리가 위험해질까 봐 불안해하고 있을 가능성이 높다. 그 때문에 C를 괴롭히는 것이다. C를 공격해서 회사를 그만두게 만들면 자신은 안심이라는 계산을 하고 있는 것이다. 그래서 모르는 걸 물어보는데 알려주지도 않고, 괜한 트집을 잡는 것이다.

일 잘하는 사람을 부러워하면서도 그와 동시에 공격하면 자신의 이익이라고 믿는 이 사람. 이런 사람에게는 어떻게 대꾸해줘야 할까?

우선 이런 사람 앞에서는 약하게 굴면 안 된다. 얌전한 사람이나 아무 대꾸도 하지 못하는 사람일수록 공격의 타깃이 되기 때문이다. 따라서 어떻게든 대응을 하는 것이 중요하다. 싸우게 될 수도 있겠지만, 이런 사람에게는 '눈에는 눈, 이에는 이' 전략이 좋다.

예를 들면, 스스로 알아보라는 말을 들으면 그냥 포기하지 말고 "모르니까 물어보는 건데요"라고 한 번 더 밀어붙이는 것이다.

"그렇게 야근 수당이 필요해?"라는 말을 들으면 "저 그래서 야근하는 거 아닌데요"라고 확실하게 반박해라.

또는 "여자들은 회사도 쉽게 그만두잖아"라는 말을 들으면 "저는 절대로 안 그만둘 건데요"라고 딱 잘라 대답한다.

무슨 말을 들어도 고개 숙이지 않고 얼굴을 들어 상대방을 쳐다보며 제대로 대꾸하는 것이다. 바로 적당한 말이 생각나지 않는 경우에는 앞에서 소개한 '앵무새' 작전을 써라. "야근 수당이 필요하다니, 그게 무슨 뜻이죠?", "여자라서 쉽게 회사를 그만둔다니요, 그게 무슨 뜻이에요?" 등으로 대꾸해주는 것이 좋다.

그렇게 대응하고 나서는 도망가지 말고 자리를 지켜라. 어떻게든 참고 자리를 지켜라.

'무슨 말을 해도 나는 동요하거나 그만두지 않아요'라고 말하듯이 강경한 태도를 보여주는 것이 중요하다.

그러면 점점 '아, 이 사람 만만한 사람이 아니네'라는 생각을 하게 되고 타깃이라고 생각하지 않게 된다.

이렇게 사람들이 '만만하지 않은' 사람이라고 생각하게 만드는 것은 공격을 피하는 데 가장 효과적이다.

상대방이 날 좋아하지 않아도 된다고 단념하면 그가 날 '성가신 사람'이라 생각한다 해도 아무렇지 않을 수 있다. 오히려 그렇게 생각할 수 있어야 타깃이 되지 않는다.

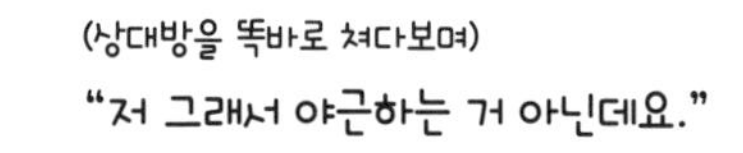

케이스 7

설교를 가장하여 험담하는 상사

'일단 동의'로 골탕 먹여라

회사와 일은 좋아하지만 상사가 짜증나고 싫어서 힘들어하는 사람이 꽤 많을 것이다. 예를 들어, 일은 별로 안 하면서 설교만 늘어놓는 상사가 있다.

어떤 20대 남성도 그런 상사 때문에 골치가 아프다고 말한다. 그 상사는 "좋은 대학 나왔다고 잘난 척하지 마", "일을 할 때 중요한 것은 학력이 아니야. 경험이랑 감이지"라는 말을 자주 했다. 문제는 그가 열심히 일하지도 않으면서 이런 설교만 늘어놓는다는 것이었다.

아무래도 이 상사는 학력 콤플렉스가 있을 확률이 높다. 자신보다 더 좋은 대학을 나온 팀원이 부러워서 어쩔 수가 없는 것이다. 또는 예전에 자신보다 학력이 높은 동료에게 출세 경쟁에서 밀려 고생한 경험이 있을 수도 있다. 이 상사는 엉뚱한 사람에게 분풀이를 하는 '트라우마' 타입인 것이다.

이런 내용도 없는 설교나 험담에 어떻게 대응하면 좋을까? 이런 타입은 '나 홀로 씨름'을 하고 있다고 보면 된다. 상대방은 등판하지도 않았는데 홀로 싸우고 있다. 게다가 별 근거도 없이 상대방을 비꼬고 있을 뿐이다. 물론 상대가 상사이기 때문에 솔직한 마음을 드러내기는 쉽지 않을 것이다. 그렇다면 '일단 동의 작전'을 권하고 싶다. 어디까지나 예의 바르게 "네, 맞는 말씀입니다"라고 동의해놓고 "그런데 무슨 일이시죠?" 라고 정중히 용건을 되묻는 것이다.

이렇게 말하면 상사는 골탕을 먹은 꼴이 된다. 일단은 동의를 해줬기 때문에 화를 낼 수도 없고, "그런데 무슨 일이시죠?"라는 질문에 할 말이 없기 때문이다.

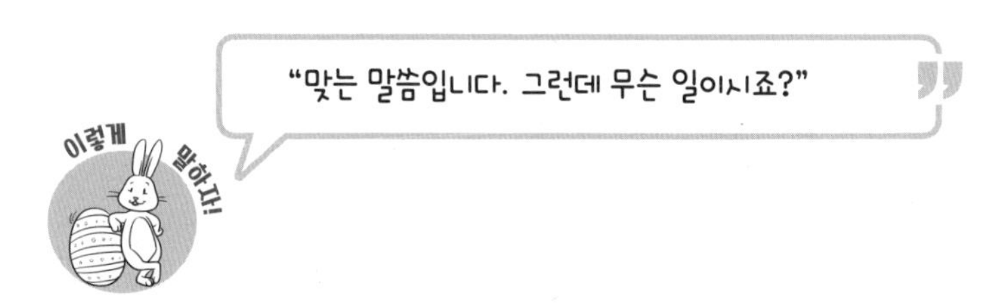

케이스 8

막말하는 상사

'유머'로 반격하라

여성의 섬세함을 이해하지 못하는 상사가 이 세상에는 수없이 많다. 세상에는 해서는 안 되는 말이 있는데, 그것을 이해하지 못하는 것이다.

30대 초반의 기혼 여성 H는 상사로부터 "아이는 언제 낳을 거야?"라는 질문을 받고 분개했다. 이 상사는 미혼 여성에게는 "결혼은 언제 해?"라고 천연덕스럽게 묻고, 기혼 여성에게는 "아이는 아직이야?"라는 질문도 서슴지 않는다.

H는 '여자는 반드시 결혼을 하고 아이를 낳아야 한다'라는

고정 관념을 강요받는 것 같아 불쾌하고 화가 난다.

이런 무신경한 상사는 사실 두 가지 유형이 있다.

한쪽은 정말로 둔감한 사람인 유형, 그리고 또 다른 한쪽은 둔감한 척하는 유형이다. 우선 이 두 가지 중 어느 쪽인지를 간파해야 한다.

정말로 둔감한 사람의 경우는 도무지 어찌할 수가 없다. 그야말로 연민의 시선으로 "가치관이 너무 다르면 서로 이해할 수가 없지요"라고 딱 잘라 말할 수밖에 없다.

만약 '둔감한 척하는' 상사의 경우라면 상대를 혼란스럽게 만들어야 한다. 이 유형은 일부러 악의를 갖고 막말을 던진다. 자신의 말에 상대가 부끄러워하거나 난감해하는 것을 보고 즐기는 것이다. 세상에는 이렇게 상대방이 괴로워하는 모습에 쾌감을 느끼는 인간도 있다. 1장에서 소개한 '사디스트' 타입의 일종일 수도 있다.

다른 사람이 민망해하거나 곤란해하는 모습을 기대하면서 일부러 무례한 말을 던지는 사람. 그런 사람과는 눈도 마주치지 않는 것이 가장 좋을 것이다. 하지만 아무 대꾸도 못하고 그냥 지나치는 것은 너무 분하고, 꼭 한마디 해주고 싶은 경우도 있다. 그럴 때는 유머가 필요하다.

예를 들어 "아이는 아직 안 만들어?"라는 말에는 "그럼 아이를 만들 수 있게 임신 휴가를 주실 수 있을까요?"라고 말해 보는 것이다. "키워주신다면이야 열 명인들 못 만들까요?"라는 말도 괜찮다. 이때, 상대보다 한 단계 위에 서 있다는 기분으로 말하는 것이 중요하다. 너무 진지하게 말하는 것이 아니라, "그것 참 재미있는 의견이네요. 오늘 일기에 써야겠어요", "그렇게 생각할 수도 있다니, 창의적이시네요"처럼 에둘러 말하는 것이다. 무례한 발언에 대해서 "재미있네요"와 같이 호의적인 말로 답하면 상대도 당황할 것이다. 센스 있는 유머로 되받아치면서 상대가 찍소리도 못하게 만드는 것이다.

그러고 보니 예전에 어느 텔레비전 프로그램에 게스트로 나갔을 때, 함께 출연했던 여성 출연자의 센스에 감탄한 적이 있다.

사회자가 "○○ 씨는 미모가 그렇게 출중하신데 왜 결혼을 안 하세요? 그런 말 많이 들으시죠?"라고 했더니 〈그라비아〉(여성의 비키니나 세미 누드 사진집) 모델로 유명한 그녀는 이렇게 아주 멋진 말로 응수했다.

"아니요, 누드 잡지에 실리는 여자랑 누가 결혼하고 싶어

하겠어요?"

그때 나는 '머리가 좋은 사람이구나'라고 내심 감탄했다.

이렇게 말하자!

"그것 참 재미있는 의견이네요."

케이스 9

잘난 척하는 상사

'선수 치기'로 게임 오버

타인의 자랑을 들어주는 것은 원래 지루한 일이다. 더구나 상사가 잘난 척이 심하다면 출근하기 싫어질 것이다.

어느 30대 남성의 상사는 개천에서 용 난 케이스인데, 일은 잘하지만 잘난 척이 대단히 심하다.

"내 세일즈 기록은 지금까지 아무도 못 깼어."

그는 대낮에 말짱한 정신으로 이런 말을 해댔다. 주로 한가해 보이는 사람이 희생양이었기 때문에 '또 시작이구나' 싶으면 모두가 바쁜 척을 한다. 이 상사에게 잡힐 것 같으면 외근하러 간다며 도망가는 사람도 있다. 그야말로 전형적인 '벌거벗은 임금님' 타입이다.

이렇게 자기애가 강한 사람은 자존심이 매우 높다. 그래서 대우를 잘 해주지 않으면 심한 일이 벌어진다.

사실은 "진짜 대단한 사람은 스스로 드러내지 않는답니다"라고 말하고 싶지만, 정말로 그런 말을 했다가는 상사의 미움을 사서 좌천될지도 모른다. 따라서 실제 상황에서는 '칭찬 작전'이 무난하다.

"대단하시네요!"

"아, 그랬군요!"

이런 말로 극구 칭찬하는 것이다. 힘들겠지만 일단 칭찬을 해주면 그 상사도 더 심한 일은 벌이지 않는다.

하지만 칭찬해주면 기분이 좋아져서 똑같은 무용담을 몇 번이나 반복하는 경우도 있다.

상상만 해도 짜증이 나지만, 만약 그런 일이 벌어진다면 선수를 쳐서 그 무용담의 결말을 먼저 말해버려라. 상사가 또 "내 세일즈 기록은……"이라고 시작한다면 "역대 최고 기록이죠"라고 지체 없이 말하는 것이다.

이때, 어디까지나 상대를 칭찬하는 포즈를 취하면서 "그렇죠. 그래서 탑이 되셨지요"라고 상사가 할 말을 미리 다 해버리는 것이다.

이렇게 하면 표면적으로 상사의 이야기를 잘 듣고 있는 것처럼 보이면서도 '네네, 그 이야기는 이미 몇 번이나 들었어요'라는 속뜻을 완곡하게 전달할 수도 있다.

이렇게 장대한 무용담을 잘라버리면, 귀중한 시간을 뺏기지 않아도 되니 일석이조다.

상사가 어떻게 반응할지 실로 궁금해진다.

어쨌든 이런 식으로 자랑만 하는 사람은 아무리 유능하고 지위가 높아도 인간적으로는 별 볼 일 없는 인간이다.

"(선수 쳐서) 아, 네 역대 최고 기록을 세우셨죠."

케이스 10 설교를 좋아하는 상사

내가 타깃이 아니라는 걸 보여주기

나를 정말 생각해서 하는 조언은 주의 깊게 들어야 한다. 그러나 세상에는 조언이나 설교를 공격의 수단으로 이용하는 사람들도 있다는 것을 잊지 말자.

듣고 있으면 부당하다는 생각밖에 들지 않는 설교를 들으면서도 그저 가만히 참고 있는 사람도 있을 것이다.

어떤 20대 남성의 상사는 대화 내용이 거의 설교로만 이루어진 사람이다.

예를 들어 상사가 "요즘 덥네"라고 말하길래 "아, 네 정말 덥네요"라고 답했더니, "이 정도 더위에 덥다고 하면 어떡해.

본격적인 여름이 되면 어쩌려고"라고 말하는 식이다. 도대체 왜 이러는 걸까?

그 밖에도 화장실이 지저분하다, 프린터기 종이가 너무 빨리 줄어든다, 등등 온갖 것으로 설교를 한다. 그런 말을 들어도 뚜렷이 할 수 있는 일이 없기 때문에, 때로는 그저 분풀이를 당하고 있다는 생각밖에 들지 않는다. 이런 상사와 함께 일하고 있는 이 남성에게는 동정을 금할 수가 없다. 이 상사를 분석하면 1장에서 소개한 '치환' 타입이라고 할 수 있다. 원래 스트레스를 발산해야 할 곳에는 차마 못하기 때문에 적당한 타깃을 발견하면 분출하는 것이다. 욕구 불만인데 배출구가 없어서 스트레스 발산용 설교를 하고 있다고밖에는 해석할 수 없다.

아마도 자신보다 더 윗사람에게 압력을 받거나 회사 내 또 다른 갈등이 있을 것이다. 윗사람에게 솔직하게 풀어내지 못하니 만만한 상대에게 감정을 '치환'하여 스트레스를 발산하고 있는 것이다. 한편, 가정에서는 어떨까? '월급이 적다, 아이를 좀 더 챙겨라'고 아내로부터 질책당하고 있는 것은 아닐까? 회사와 마찬가지로 가정에서도 고독한 것이다.

이런 '설교 아저씨'에게는 어떻게 대처하면 좋을까? 역시 중요한 것은 평소에 '나는 당신의 타깃이 아니에요'라는 메시지를 확실히 전달하는 것이다.

만약 타인의 실수까지 나한테 따지고 설교를 한다면 잠자코 듣지 말고 "그 건은 제 책임이 아닙니다. 다른 사람의 실수입니다"라고 확실히 말해라. 그래도 화를 낸다면 "그건 부당합니다. 저한테 그렇게 말씀하시면 곤란합니다"라고 강하게 주장해야 한다.

상대가 타인의 실수를 가지고 내 탓을 하며 비난한다면, 실수를 한 장본인이 거래처 사람, 즉 말하고 싶어도 말할 수 없는 상대이기 때문일지도 모른다. 그 나름의 사정은 있다.

'치환' 타입의 가장 큰 문제점은 가장 공격하기 쉬운 상대에게 화살을 겨냥한다는 것이다.

최근 역무원이 승객에게 폭력을 당하거나 점원이 고객에게 무릎을 꿇는 사건이 뉴스에 자주 등장한다. 이 사람들이 바로 이 타입이다. 가장 공격하기 쉬운 곳을 노리는 것이다. 마음속에는 '이 사람은 절대로 나한테 반격을 못해'라는 생각을 품고 있다. 그러니 이 생각이 틀렸다는 것을 보여주는 것이 효과적이다.

이런 상대에게는 단 한 번이라도 용기를 쥐어짜내서라도

제대로 한마디를 던져야 한다.

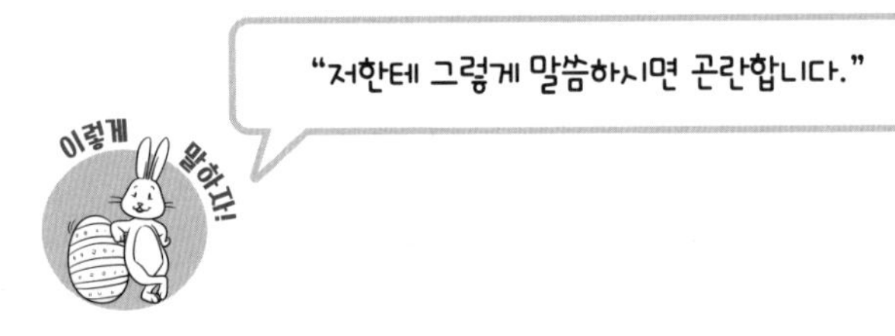

케이스 11

감정적인 상사

차분한 한마디로 기세 죽이기

조금이라도 다른 의견을 말하면 금방 시비를 거는 사람을 만난 적이 있을 것이다.

어느 40대 여성 상사도 그런 타입이다. 그 상사는 회의 시간에 자신과 조금이라도 다른 의견이 나오면 맹렬하게 반격한다. 너무 흥분해서 입에 거품을 물 정도다.

딱히 그 사람의 의견을 부정하는 것이 아닌데도, 그녀가 너무나 필사적으로 반격하기 때문에 다른 사람들은 솔직하게 자신의 의견을 말할 수가 없다.

이 상사는 왜 이렇게 과잉 반응하고 공격적으로 대응하는 걸까?

그것은 바로 자신감이 없기 때문이다. 이런 사람은 타인의 의견을 들어줄 여유가 없다.

자신이 존중받고 있고 실력을 인정받고 있다고 느끼면 조금 다른 의견이 나왔다고 해서 그렇게까지 반박하지는 않을 것이다. 그야말로 '왕' 타입이다.

이 사람은 자신감이 없기 때문에 누군가가 조금이라도 다른 의견을 이야기하면 자신의 능력과 인격까지 부정당한 것처럼 느낀다. 그래서 바로 과잉 반응을 하고 만다. 그리고 흥분이 또 다른 흥분을 불러일으켜 멈출 수가 없게 되는 것이다.

이런 상황에서는 상대에게 자신감이나 여유가 없어 보인다는 것을 넌지시 비추는 게 좋다.

예를 들면, "너무 흥분하셨어요"라고 말하는 것도 한 가지 방법이다. 또는 "조금만 진정하시면 좋겠어요. 표정이 너무 무섭게 변했어요"라고 말해보자.

잠깐 거울을 내밀어서 보여주는 것을 상상하면 된다. 상대가 흥분하고 있을 때 나는 더욱 냉정하게 발언해야 한다. 그래야 상대의 상태도 가라앉을 수 있다.

또 한 가지 이 상사가 맹렬하게 반응하는 다른 이유를 생각해보자. 그것은 바로 자신에게 유리하게 만들기 위해서다. 자기 외에 다른 사람이 의견을 말하기 어렵게 되면, 그만큼 자신의 의견이 쉽게 통과될 수 있다. 궁극적으로 다른 사람의 의견을 봉쇄할 수 있다. 어쩌면 이것이 진짜 목적일지도 모른다.

따라서 그 목적을 이루게 내버려두지 말라는 것이다. 그러려면 분위기에 휩쓸리지 않고 자신의 의견을 확실히 말해야 한다.

회의에서 목소리 큰 사람의 의견만 통과된다면, 그 조직은 반드시 이상해진다. 아이디어의 내용이 아니라 주장이 얼마나 강한지 아닌지에 따라 결론이 좌우된다면 어떻게 될까? 회사 분위기가 그렇게 되지 않으려면 모든 사람들이 자신의 의견을 확실히 말할 수 있어야 한다.

만약, 상대방이 말이 빠르고 혼자서 계속 지껄이는 스타일이라면 "지금 말이 너무 빠르니 좀 더 천천히 말씀해주시겠어요?"라고 받아치는 것도 한 방법이다. 이런 식으로 말하면 상대도 그만 맥이 빠져서 제정신으로 돌아올지도 모른다.

말을 빨리 하는 사람은 스스로 자각을 못하고 있는 경우가 많다. 다른 사람들이 이해하기 쉽게 배려하는 마음이 없기 때문에 더욱 따발총이 된다.

이것은 자신감과 여유가 없다는 것을 그대로 보여주는 것이기도 하다. 상대를 침착하게 만들기 위해서도 이런 방법을 알아두면 도움이 된다.

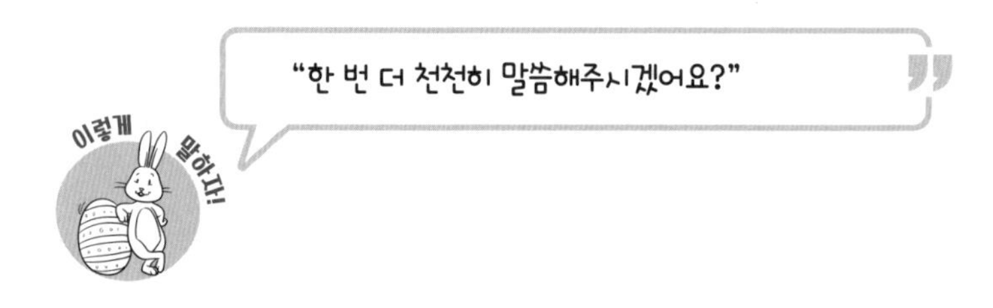

케이스 12

갑질하는 상사

'부메랑 효과' 노리기

범죄나 다름없는 '권력형 괴롭힘'. 심한 경우에는 재판으로 발전하는 경우도 있고, 피해자 쪽은 마음에 큰 상처를 입는다.

나의 외래 환자 중에도 피해를 당한 20대 남성이 있었다. 그는 어느 날, 상사에게 불려갔다.

"부탁한 서류, 다 됐어?"

"그 건은 내일 오전까지 아니었나요?"

그러자 상사는 갑자기 정색을 하며 큰소리를 질렀다.

"오늘이야 오늘! 너, 사람 말을 제대로 듣는 거야!"

사무실에는 열 명이 넘는 직원이 있었지만, 상사는 그 사람들이 모두 보고 있는 앞에서 오랫동안 큰소리로 혼을 냈다.

1장의 분석에 따르면 이 상사는 '왕' 타입이라고 할 수 있다. 만약 남성의 말이 사실이라면 상사 쪽이 잘못했을 가능성이 높다. 상사가 잘못 전달했거나 또는 서로의 인식 차이일 수도 있다.

그렇지만 이 상사는 자신의 실수를 절대로 인정하지 않는다는 것이 문제다. 인정하기 싫기 때문에 더 심하게 부하를 혼내는 것이다. 자신의 실수나 실패를 부인하고 타인의 탓으로 돌리는, 자기 정당화의 욕망이 매우 강한 사람이다.

실적이 떨어졌거나 실수를 했을 때, 상사가 부하를 심하게 혼내는 것은 자주 있는 일이다. 자신의 판단 실수나 실패를 인정하지 않고 남 탓 특히 만만한 자기 팀원을 탓한다. 타인을 비난하면서 '나는 잘못이 없다'고 주장하고 있는 것이다.

게다가 일부러 다른 직원들 앞에서 심하게 질책한다. 이것은 '나는 잘못하지 않았어. 잘못을 한 것은 이 사람이야'라는 메시지를 주변에 전달하기 위해서다.

상사는 하고 싶은 말을 다 할 게 뻔한데 이렇게 당하고만 있다면 앞으로도 똑같은 일을 당할 가능성이 높다. 아니, 반드시 그렇게 된다. 그렇다면 어떻게 해야 할까? 타인을 비난하면 그것이 부메랑처럼 자신에게 돌아온다는 것을 알려줘야 한다.

이런 상사에게는 '나는 당하고만 있지 않겠다. 반격할 수 있다'는 것을 보여줄 필요가 있다.

심한 경우에는 "저도 더 이상은 못 참겠으니 사장님께 직접 말씀드리겠습니다", "노동청에 고발하겠습니다"라고 말해서 그 상사보다 더 윗선에 알리겠다는 제스처를 취하는 것이 더 효과적인 경우도 있다.

세상에는 타인을 공격하는 것을 낙으로 삼는 사디스트가 존재한다. 그런 사람이 상사가 된다면 어떻게 해야 할까?

내가 만난 30대 남성도 그런 고민을 안고 있었다.

그 상사는 역시 앞에 소개한 사례처럼 종종 다른 사람들 앞에서 큰소리로 화를 내고 책상을 두들기며 그 남성을 위협했다.

"몇 번을 말해야 알아듣는 거야!"

이렇게 큰소리치면서 남성을 질책하는 것이다.

또한 같은 실수를 하더라도 이 남성에게는 유독 더 가혹하게 화를 낸다. 그가 게으름을 피우고 일을 안 한다는 말을 퍼트리기도 한다.

이런 비뚤어진 성격을 고치는 것은 말처럼 쉽지 않다.

사디스트인 사람은 다른 사람이 곤란해하거나 침울해하는 것을 보면서 잔혹한 기쁨을 느끼기 때문에 그것을 명심하고 최대한 얽히지 않는 것이 최선이다. 하지만 상사가 그런 사람이라면, 그렇게 쉽게 피할 수는 없을 것이다. 이런 경우에는 어떻게 해야 할까?

사디스트의 공격 대상이 되지 않기 위해서는 '나도 반격을 할 수 있다'는 것을 보여주는 게 좋다. 예를 들어 "지금 다 녹음하고 있는데 괜찮으시겠어요?"라고 말해서 상대에게 불안감을 심어주는 것이 좋다.

또는 "앞으로 사내에 감시 카메라가 생긴다네요"라고 말해보라. 거짓말이라도 이런 말을 해보는 것은 도움이 된다.

어쨌거나 그냥 당하고만 있지는 않겠다는 것을 이런저런 방법으로 보여주는 것이 중요하다.

"더 이상은 못 참겠으니, 사장님께 말씀드리겠습니다."

| 5장 |

'불편한 그 친구'와 능숙하게 멀어져라

저절로 좋은 친구만 남기는,
말의 기술

사생활에서 마음에 거슬리는 그 사람

우리들은 다양한 커뮤니티 속에서 일상을 보내고 있다.

친한 친구도 있지만, 친척, 이웃, 아이 친구의 부모 등 스스로 원하지 않아도 맺을 수밖에 없는 관계도 있다.

일반적으로 친구 사이란 '대등'한 관계다.

그래서 더욱 거리낌없는 말을 듣는 경우도 많다. 친한 친구 사이라서 더욱 감정적이 되거나 배려심 없이 말하는 일도 발생한다.

거리가 가까울수록 걸핏하면 비교 대상이 되고, 선망이나 비꼬기 등의 불편한 감정도 생기기 쉽다.

또한 친척, 이웃, 아이 친구의 부모 같은 사람들은 귀찮지만 피할 수가 없다. 이런 집단 속에는 성격이 특이하거나 자기주장이 강한 인물이 반드시 존재한다. 그리고 상대를 높여주면 내 위치가 내려가는 권력관계도 발생하게 된다.

그러므로 친한 사이일지라도 반드시 예의를 지켜야 한다.

어느 한쪽이 억지로 참아야 하는 관계는 유지될 수 없다. 상대와 관계를 지속하고 싶다면 작은 '공격' 정도는 못 본 척하는 게 나은 경우도 있지만, 참을 수 없는 정도라면 관계를 끊는 것도 현실적인 대처법이다.

그런 '불편한 상대'로부터 공격을 받았을 때는 어떻게 해야 할까? 구체적인 예를 통해 그 방법을 소개하겠다.

케이스 13

내 뒷담화를 하고 다니는 사람

'눈치챘다'고 살짝 흘리기

평소 친하게 지내는 친구들이 내가 없는 곳에서 내 뒷담화를 하고 있다는 것을 알았을 때, 그 충격은 매우 크다.

이런 일을 당하면 사람이 싫어지고 방황하게 되는데 낙담하지 않고 잘 대처하려면 어떡해야 할까?

어느 40대 여성은 직장 동료가 자신을 험담하는 소리를 우연히 듣게 되었다.

업무와 관련된 것도 아니고, "말투가 이상해, 좀 특이한 사람 같아"라면서 그 자리에서 자신의 말투를 따라 하기까지 했다. 자신의 뒷담화를 들은 것 자체가 쇼크였고 매일 얼굴을 마주하는 사람이라서 앞으로 어떻게 대해야 할지 몹시도 고민이 되었다.

뒷담화에는 자기애, 선망, 이득 이 세 가지가 얽혀 있는 경우가 많다.

자기애는 남을 험담하면서 상대를 깎아내리고 자신이 우위에 있으려고 하는 심리이다. 선망은 상대를 부러워하는 기분으로, 성공했거나 눈에 띄는, 여성이라면 외모가 훌륭하다는 장점을 갖고 있는 사람이 그 대상이 되기 쉽다.

이득은 상대를 깎아내려 출세 코스에서 뒤처지게 만들어 자신의 우월감을 느끼고 싶어 하는 심리이다. 이런 사람은 물론 출세 지향형 인간으로 자신이 승진하기 위해 남의 능력을 폄훼한다.

이런 사람들에게 대처하기 위해서는 우선 '나는 이미 알고 있다'고 어필하는 방법이 있다. 예를 들어 "당신이 내 험담을 하고 다닌다는 이상한 소문이 돌던데요?"라고 본인에게 말해 보자.

여기서는 '거짓 소문이 돌고 있는 것 같다'고 말하는 게 포인트다. 즉, '설마 당신이 그런 말을 하고 다니는 건 아니겠지?'라는 뉘앙스를 전달하는 것이다.

진짜로 하고 싶은 말은 물론 '당신이 험담하고 다니는 것을 잘 알고 있다'라는 메시지까지 전달할 수 있다. 이런 말을 들으면 상대는 움찔할 것이다. 그리고 더 이상 뒷담화를 하지 못할 것이다.

뒷담화를 주고받는 '무리'에 한 번 들어가게 되면 빠져나올 수 없다고 생각하는 사람도 있을 것이다. 그 '무리'에서 빠져나오면 자신이 그다음 뒷담화의 대상이 되는 게 아닌가 걱정도 될 것이다. 사실 상대도 이쪽이 빠져나갈 수 없다고 생각하는 것을 간파하고 끌어들이는 것이다. 쉽게 빠져나가지 못하게 하겠다는 속셈이다.

'집단 괴롭힘의 사층구조이론'이라는 것이 있다. 사회학자인 모리타 요지(森田洋司)의 이론인데, 그에 의하면 집단 괴롭힘이라는 것은 가해자와 피해자의 양자 관계만으로 일어나는 게 아니다. 그 외에도 '방관자=보고도 못 본 척하는 사람'과 '관중=옆에서 부추기며 재미있어하는 사람'이 존재한다는 것이다.

이 '방관자'의 비율이 늘어나면 늘어날수록 집단 괴롭힘은 일어나기 쉬워진다. 따라서 뒷담화를 통해 피해자를 궁지에 몰려는 사람은 '방관자'를 늘리려고 한다.

자신이 험담을 하는 쪽이 아니더라도 의식하지 못한 사이에 방관자가 되어 있는 경우도 있으니 항상 주의해야 한다.

이렇게 말하자!

"당신이 내 험담을 하고 다닌다는 이상한 소문이 있던데, 설마 그럴 리 없겠지?"

케이스 14

험담을 좋아하는 사람

말을 돌리거나 도망쳐라

다른 사람의 험담은 듣는 것만으로도 기분이 나빠진다. 스스로 가능한 한 하지 않으려고 해도 남이 한 말은 들려오는 거라 어쩔 수 없는데 그것만으로도 기분이 나빠진다. 그렇다고 대놓고 귀를 막을 수도 없다. 그런데 상대가 맞장구쳐주기를 바라기라도 하면, 그렇게 성가신 일이 없다.

30대인 D는 바로 이런 사람인 아이 친구의 엄마 때문에 골치가 아프다. 그 엄마는 험담을 매우 좋아하는 사람이다. 만나면 늘 누군가에 대해 험담을 한다. 하필 근처에 살고 있어서 자주 마주치는데 그때마다 누군가에 대한 험담을 멈추지 않는다.

처음에는 이야기에 끼지 않으려고 했지만 어느 날 "있잖아, 그 사람 어떻게 생각해?"라고 물었다. "별로 관심 없는데?"라고 했더니 그 말 때문인지 이제는 D의 험담을 하고 다녔다.

이렇게 일상적으로 누군가를 험담하는 사람은 '선망'이 매우 강하다. 타인의 행복에 질투가 나서 못 견뎌 분노하는 것이 험담으로 표출되는 것이다. 선망이 강한 사람은 잘나가는 사람, 행복해 보이는 사람을 보면 참지 못하고 그 사람의 험담을 하게 된다.

조금이라도 눈에 띄는 사람이나 외모가 아름다운 사람, 남편의 수입이 많은 사람, 회사에서 주목받는 사람, 사람들에게 사랑받는 사람을 보면 험담을 하지 않고서는 못 배기는 것이다.

이런 사람을 상대하는 것은 어려운 일이다. 험담에 동조하면 "그 사람이 당신에 대해서 이렇게 말했어"라며 말을 옮기고, 동조하지 않으면 바로 나를 험담의 대상으로 삼기 때문이다.

어떻게 하든 문제가 생기기 때문에 가능한 한 얽히지 않는 것이 최고다. 이런 식으로 험담을 하고 다니는 사람은 험담을 들어줄 사람을 찾는다. 따라서 얌전히 듣고만 있는 사람일수록 타깃이 되기 쉽다.

어떤 아파트에 유치원 버스가 와서 아이들을 태운다. 거기서 아이 친구의 엄마에게 붙잡혀 수다를 떨고 있으면, 금세 유치원 끝나는 시간이 되어 아이들이 돌아온다.

이런 일은 실제로 벌어질 수 있다. 몇 시간이나 서서 수다를 떨었다니 놀랍지만, 원래 쓸데없는 이야기일수록 끝이 없는 법이다. 중요한 것은 대화를 재빨리 끝내버리는 것, 즉 상대하지 않는 것이다.

"좀 있으면 택배가 올 거야" 같은 나름의 이유를 들어 그곳에서 빠져나오는 게 좋다. "어머나, 시어머니한테 전화가 왔는데 못 받았네" 같은 적당한 이유를 말하고 그 자리에서 도망쳐라.

이렇게 언제나 빨리 사라지면 '저 사람은 바쁜 사람이구나'라고 생각할 것이다. 그렇게 생각하게 만들어라. '저 사람은 원래 내 이야기를 들어주지 않는다'라고 생각하게 되면 '험담 들어주기'의 타깃을 다른 곳에서 찾기 시작할 것이다.

앞에서 소개한 D와 같이 정면으로 '동의'를 요구받게 되면 "그래? 그나저나 ○○, 또 키가 큰 거 아니야? 남자애들은 역시 쑥쑥 크는구나!"와 같이 엄마의 가장 큰 관심사인 아이 이야기로 화제를 자연스럽게 돌리면 된다. 이때, 어떻게든 상대의 아이를 칭찬해주면 좋다. 그렇게 하면 상대도 이상하게 생각하지 않고 신나서 이야기할 게 틀림없다.

험담을 피하기 위해서 상대가 '더 관심 있어 하는 다른 화제'로 유도하는 것. 이것보다 더 좋은 방법은 없다. 상대가 관심 가질 법한 가장 좋은 화제는 '상대가 가장 칭찬받고 싶어 하는 점'을 칭찬해주는 것이다.

칭찬하고 싶지 않은 상대를 칭찬하는 것은 썩 내키지 않는 일이겠지만, 그렇게 해두면 우선 적의를 품을 일은 없다. 쓸데없는 험담에 동의하는 것보다는 정신적으로도 훨씬 평화로울 것이다.

"그나저나 오늘 입은 옷 멋지네요."

케이스 15

은근히 나의 가족을 공격하는 사람

눈부신 미소로 나의 행복을 보여줘라

나를 모욕하는 것은 참을 수 있어도 아이나 남편, 애인 등 소중한 사람이 모욕당하는 것은 참기 어려운 일이다.

30대의 E는 그런 일을 겪고 나서 이해가 안 된다며 털어놓았다. E는 어느 날, 남편과 둘이서 외출을 했다가 이웃 사람을 보게 되었다. 그때는 인사만 하고 그냥 지나갔는데, 며칠 후 동네에서 만났을 때 이렇게 말하는 것이었다.

"당신 남편 말이야, 내가 상상한 거랑은 너무 달라서 깜짝 놀랐어. 머리가 그렇게 길다니, 도대체 어떻게 된 거야? 당황했다니까."

그 이웃 사람이 은행원처럼 단정한 타입일 거라 상상한 그녀의 남편은 자영업자에다가 장발이었다. 그녀는 남의 남편을 제멋대로 상상하면서 놀랐다는 둥 당황했다는 둥, 말하는 이웃 사람이 참으로 어이가 없었다.

이럴 때는 우선 이 사람이 왜 이런 말을 하는지 그 이유를 생각해보자.

한 가지 가능성으로는 이런 것이 있다.

이 이웃 사람은 E의 남편에 대해 자기 나름대로 상상했던 이미지가 있었는데, 실제로 만나보니 자신이 생각했던 것보다 멋졌던 것이다. 그래서 부럽다는 생각이 들었고 결국 선망하게 되었다. 하지만 그런 감정을 솔직하게 말할 수는 없었다. 자신의 남편과 비교하니까 왠지 '지는' 것처럼 느꼈기 때문이다. 그래서 더 남의 남편의 외모에 대해 이러쿵저러쿵 깎아내리는 투로 말했을 것이다.

그렇다면 이럴 때, 어떤 식으로 상대에게 반격할 수 있을까?

어차피 부러워서 그런 말을 하는 것이기 때문에 그저 속으로 웃고 지나쳐도 괜찮지만, 남편을 나쁘게 말한 것에 대해서는 확실히 반박해둘 필요가 있다.

이럴 때는 '눈부신 미소' 작전을 써보자. 즉, 상대의 공격에 아랑곳하지 않을 정도로 행복한 모습을 보여주는 것이다. 예를 들면, "다음에 다 같이 바비큐 파티 하는 거 어때요? 우리 남편이 다 준비해주겠대요. 남편도 꼭 데리고 오세요."

이렇게 밝게 웃으며 권유해보자. 정말 바비큐 파티를 하라는 것이 아니다. 승자의 여유로운 미소를 보여주라는 뜻이다.

'당신이 한 말에 나는 전혀 신경 안 써. 나한테는 최고의 남편이니까'라는 태도를 보여주자는 말이다.

마치 속으로는 '당신이 내 남편에 대해 실제로 어떻게 생각할지 모르겠지만 그런 건 상관 안 해, 어때? 부럽지'라고 말하듯이 말이다.

'행복이야말로 최대의 복수다'라는 말이 있는데, 그야말로 진리다. 남들을 부러워하는 사람이 되지 말고, 남들이 부러워할 만큼 행복한 사람이 되면 된다.

이유를 알 수 없는 모욕이나 폭언을 거부하기 위해서는 행복으로 빛나는 자신의 모습을 보여주는 것이 최고다.

'당신이 아무리 공격해도 전혀 신경이 쓰이지 않을 정도로 나는 행복하게 잘 살고 있어'와 같은 자세를 보여주는 것이다.

이렇게 되받아칠 수 있다면 얼마나 멋진 사람인가.

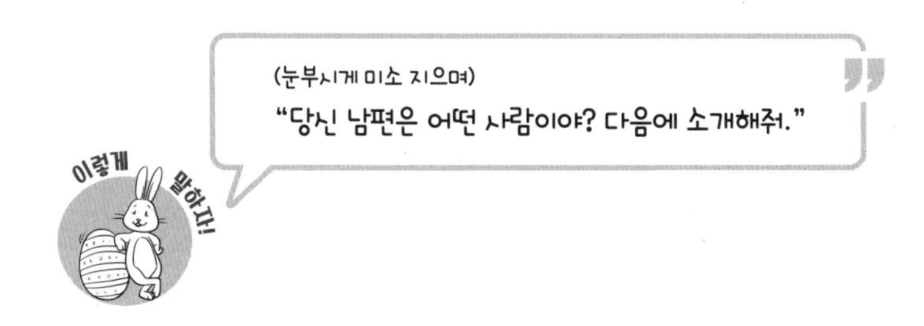

케이스 16

상대방을 지휘하려 드는 사람

'필요 이상'으로 칭찬하라

무엇이든 지휘하는 것을 좋아하는 사람은 '사용법'에 따라서는 매우 유용하기도 하다. 어떤 단체이건 행사가 있을 때 이런 사람이 나서서 지휘해주면 오히려 편한 면이 있다. 그러나 자신의 방식만 주장하는 사람은 그야말로 민폐다.

어느 40대 여성은 지역의 봉사 활동을 하고 있는데 지휘하길 좋아하는 사람 때문에 골치가 아프다. 그 사람 덕분에 일이 척척 진행되기 때문에 도움이 되기는 하지만, 자신의 생각이 100퍼센트 옳다고 생각하는지 타인의 의견을 좀처럼 듣지 않기 때문이다. 누군가 그 사람에게 다른 의견을 이야기하거나 반기를 들면 '앞으로 이 동네에서는 살기 힘들 거예요'라는 듯한 분위기를 풍겼다.

그녀는 "계속 그 사람 의견만 따라야 한다고 생각하니까 왠지 우울해져요"라고 호소했다. 세상에는 자존심을 너무 심하게 내세우는 사람이 있다. 나는 이런 사람들을 다음 세 가지 타입으로 나눈다.

칭찬받고 싶어서 자기 자랑만 하는 '자만, 칭찬형'.

자신은 특별하기 때문에 어디서든 특별한 취급을 받아야 한다고 생각하는 '특권 의식형'.

타인을 조종하고 지배하지 않으면 성이 안 풀리는 '조작, 지배형'.

앞서 소개한 봉사 활동에서 문제가 된 여성은 '조작, 지배형'일 것이다.

타인을 조종하고 자신의 뜻대로 하려는 사람은 물론 자기애가 강하다. 뭐든 지휘하는 것을 좋아하는 사람은 대체로 그렇다.

중요한 것은 그런 사람은 타인을 지배하지 않으면 불안해진다는 것이다. 자신의 위치가 위협받고 있는 것은 아닐까 하는 공포와 콤플렉스를 안고 있는 경우도 적지 않다.

그러니 그 심리를 찔러보는 작전은 어떨까?

이런 사람은 자신이 인정받고 있거나 존중받고 있다고 안심하게 되면 굳이 타인을 지배하려고 하지 않는다. 단, 어지간히 권력욕이 강한 정치가는 열외다.

그러니 "○○ 씨는 정말 못 이기겠네요"라고 말해보자. 필요 이상으로 칭찬함으로써 오히려 불쾌하게 만드는 작전을 쓰는 것이다.

"정말이지 훌륭한 의견이네요."

"역시 대단하시네요."

"제가 졌네요."

이렇게 아부하는 사람으로 변신해서 과할 정도로 칭찬을 해라.

여기서는 '과할 정도로'라는 것이 중요하다. 과하게 칭찬함으로써 야유를 하는 것이다. 즉, 놀리는 것이 된다. 이것만으로도 속이 시원해진다.

또한 어떤 조직이든 누군가 반대 의견을 냈을 때 "그런 식으로 하면 여기서는 못 버틸 거야"라고 협박하는 사람이 있다. 특히 회사를 그만두는 직원에게 "이런 식으로 그만두면 다른 곳에서도 취직하지 못하게 할 거야"라고 위협하는 상사가 있다. 그런데 이런 말은 진지하게 받아들일 필요가 없다. 공포심으로 상대를 꼼짝 못하게 하는 게 목적이기 때문에 여기에 말려들지 말고 그냥 무시해야 한다.

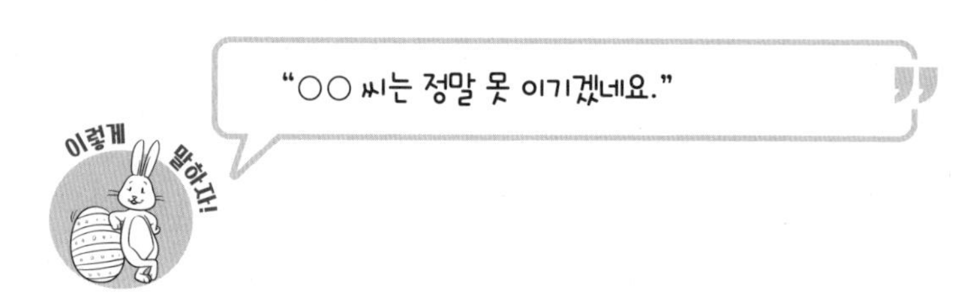

케이스 17

자기 생각을 강요하는 사람

'폐점 작전'이 살길이다

'내 말이 맞잖아.'

'내 생각이 상식이야.'

이런 사고방식으로 자신의 '정당성'을 강요하는 사람이 있다. 옳은지 아닌지는 차치하고, 주위 사람들이 자기 생각을 받아줄 때까지 억지로 밀어붙이는 것은 분명 문제가 있다. 이렇게 매우 집요하게 자기 생각을 강요하는 사람에게는 어떻게 반격해야 할까?

쓰레기 문제로 시끄럽게 구는 여성이 옆집에 살아서 피곤

하다고 말하는 F. 그는 이 여성 때문에 스트레스가 심하다고 토로한다. 그녀는 누가 부탁한 것도 아닌데 매일 동네 쓰레기를 감시하고 조금이라도 위반하는 사람이 나오면 난리법석을 떤다.

또 다른 집 쓰레기봉투를 함부로 열어서 체크를 하고, 만약 재활용 쓰레기가 거기 잘못 들어가 있으면 쓰레기봉투를 들고 그 집에 찾아가기까지 한다.

F는 아침 일찍 출근해야 하는 시간에, 현관에서 그 여성한테 길고 긴 설교를 듣는 바람에 지각을 하고 말았다.

"페트병 뚜껑은 같이 버리면 안 돼요", "종이류는 폐휴지통에 넣어야죠" 등등 일일이 세세한 부분까지 '설교'를 하더니 나중에는 "이렇게 몰상식하게 쓰레기를 버리면 어떡해요!", "이래서 맞벌이 부부는 안 된다니까" 같은 심한 말까지 하고 갔다.

"룰을 지키지 않은 것은 확실히 잘못했지만, 이런 말을 들을 정도는 아니지 않나요?"라고 말하면서 F는 분노했다.

사실은 나도 쓰레기 문제로 지적받은 적이 있어서 충분히 납득이 간다.

이런 여성은 앞서 말한 '조작, 지배형'이다. 타인을 지배함으로써 자신의 존재를 확인하려고 하는 전형적인 모습이다.

사실 이런 여성들 중에는 고독한 사람이 많다. 아무도 자신의 이야기를 들어주지 않는다. 상대해주는 사람도 없을뿐더러 자신의 일을 인정받을 만한 사회적 네트워크도 없다. 일상 속에서 자신의 우월함이나 존재 가치를 느낄 일이 없다는 말이다. 그러니 더욱 쓰레기 처리와 같이 자신의 손이 닿는 일에 매달린다. 그런 일을 통해서라도 타인에게 자신의 영향력을 행사해서 존재감을 확인하려고 하는 것이다.

따라서 기본적으로는 '불쌍하다'는 연민의 자세를 취하는 것이 좋다. 하지만 그 여성이 나에게 직접적인 폐를 끼친다면 그것만으로 끝낼 수는 없다. 이럴 때 쓸 수 있는 것은 '폐점 작전'밖에 없다.

마치 '이제 문 닫았어요'라고 말하듯이 딱 잘라 차단해버리는 것이다. 즉, 재빨리 끝내버린다. 상대의 이야기가 너무 길고 집요한 경우에는 "다음부터는 주의하겠습니다. 이제 가도 될까요?"라고 말한다. 내 집에 찾아왔을 경우에는 "용건은 잘 들었습니다. 그럼 이제 가주세요"라고 밀어내는 것이다.

진지하게 그 사람의 이야기를 다 들어주면 '이 사람은 나를 상대해준다'고 판단해버리고 이후에는 타깃이 되어버린다. 그렇게 되면 매우 곤란해진다. 이런 사람과 이야기를 길게 해봤자 나에게 득이 될 게 없으니 최대한 대화를 재빨리 끝내는 것. 이것이 핵심이다.

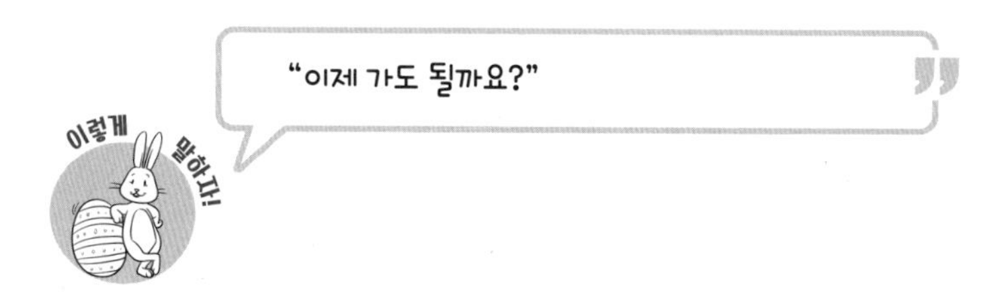

케이스 18

다른 사람 앞에서 면박을 주는 사람

주변 사람들이 다 듣게 말한다

악의가 있든 없든 많은 사람들 앞에서 '알리고 싶지 않은 것'을 폭로하거나, 무례한 말을 들으면 참기가 어렵다.

어느 회사에 근무하고 있는 G의 이야기다. 동료 중에 나이가 어린 여성이 있는데, 평상시에는 친절하고 어른스럽다가도 가끔 남들 앞에서 G가 민망해할 만한 이야기를 꺼내는 것이다.

예를 들어 함께 회사 식당에서 점심을 먹고 있으면 "G 씨는 정말 잘 먹네요. 나는 이제 더 못 먹겠어요"라는 식으로 말한다. 또 다른 직원의 나이에 대한 이야기가 나오자 갑자기 "그런데 G 씨는 몇 살이랬죠?"라며 일부러 G의 나이를 말하게 하는 것이다.

이런 행동은 보통 '자기애'가 강한 사람이 하는데 다른 사람에게 창피를 줘서 자신이 우위에 서려고 하는 것이다. '나는 조금 먹고 여성스러워', '내가 더 어리고 매력적이야'라고 과시하면서 기뻐하는 것이다.

이런 상대에게는 어른답고 의연하게, 미소로 차단해버리는 방법도 있다. 하지만 역시 정면으로 확실하게 반격하는 것이 좋다. 불쾌한 자신의 감정을 억눌러서는 안 되기 때문이다.

자존심이 강한 사람일수록 자신의 나쁜 감정을 부정하려고 한다. 자기 자신에게 분노와 적의, 억울함과 불만이 있다는 걸 솔직히 인정하지 않으려고 한다.

그런데 이렇게 자기감정을 억누르는 것은 결코 좋지 않다. 솔직하게 자신의 감정을 인정하고 조금씩 드러내는 것이 좋다. 울고 싶을 때도 있고, 슬플 때도 있고, 화가 날 때도 있다. 그런 감정은 가능한 한 그때그때 밖으로 분출하는 것이 좋다. 감정을 안쪽에 쌓아두기만 하면 마음의 병을 얻게 되기 때문이다.

이런 사람에게는 어떻게 대처해야 할까? 상대방이 '많은 사람 앞에서'라는 상황을 이용하고 있으니, 나도 "방금 뭐라고 하셨어요? 너무 무례한 거 아니에요?", "한 번 더 말씀해보세요!"라고 주변 사람들이 다 듣게 말해보자.

이 말 한마디로 상황은 단번에 역전된다. '나를 포함해서 모두가 당신이 무례하다고 생각해요'라는 뉘앙스가 전달되는 것이다. 이때, 상대방에게만 들리게 작은 목소리로 말하면 기분이 나쁠 수 있다.

하지만 상대방뿐 아니라 주변 사람들이 다 들을 수 있도록 크게 말하면, 같은 말인데도 인상이 달라진다. 이때는 무례한 말을 들어서 정말로 놀랐다는 표정으로 말해야 한다.

모두에게 이 상황을 보여주면, 미묘하게 어두운 분위기가 흐르지도 않는다. 이 정도는 조금만 용기를 내면 할 수 있는 일이다.

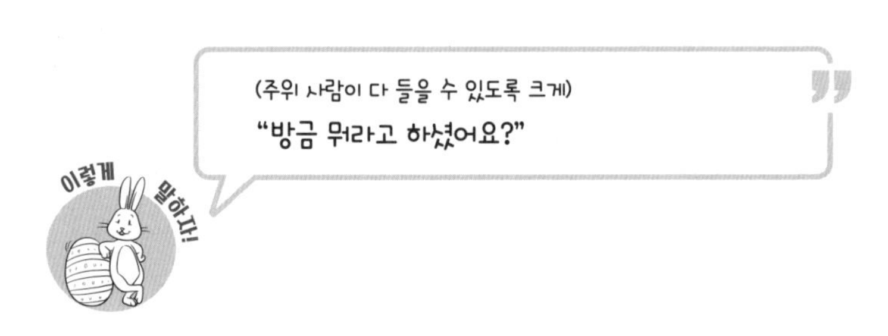

케이스 19

비교하는 것을 즐기는 사람

상대보다 우위에 서려고 하지 마라

무슨 일에서든 '내가 당신보다 한 수 위'라고 어필하는 사람들이 있다. 신경 끄면 될 일이라고 생각하면서도 역시 화가 나기 마련이다.

"나는 말이야. 가슴이 커서 맞는 옷이 없어 골치 아파. 그런 면에서 너는 참 좋겠다. 아무 옷이나 잘 맞고."

"너 진짜 화장 잘한다. 나는 곰손이라서 맨날 생얼이잖아. 그래도 남친은 이런 게 더 좋대."

어느 여성의 친구는 만날 때마다 이런 말을 하면서 서열을 매긴다.

얼핏 들으면 상대를 칭찬하고 있는 것 같지만, '나는 글래머야', '나는 그렇게 화장하지 않아도 예쁜 얼굴이야'라고 은근히 자랑하고 있는 것이다.

이런 말을 하는 사람은 그야말로 자기애 덩어리다. 걸핏하면 '내가 너보다 잘났어'라고 은근슬쩍 어필하지 않고는 못 배기는 것이다. 겉으로는 '자랑'이라는 생각이 들지 않게 하면서 실제로는 자랑하고 싶은 심리. 그것을 감추지 못하는 것이다.

자랑하는 심리에 대해서 라 로슈푸코는 이렇게 말했다.

'사람은 보통 칭찬받고 싶어서 칭찬하는 것이다.'

즉, 타인을 칭찬하는 사람의 마음속에는 자신이 칭찬받고 싶다는 소망이 들어 있는 것이다. 이런 서열 경쟁에 대처하는 방법은 '서열 매기기에서 이탈하는 것'이 최고다. 애초에 그렇게 허무한 서열 전쟁에 들어갈 필요가 없다.

'상대보다 우위에 서려고 하지 않는 것.'

이기려고 하지 않는 것이 가장 현명한 대응이다.

눈앞의 상대가 칭찬해줬으면 좋겠다는 표정을 하고 있다면, 그냥 칭찬해주고 넘어가면 된다. 날씬해서 부럽다는 말을 들으면, "너야말로 글래머라서 좋겠다. 분명히 네가 더 인기 있어."

이런 식으로 치켜세워준다면 서로 기분을 상하지 않고 끝낼 수 있다.

칭찬받고 싶다는 말이 얼굴에 쓰여 있는 것 같은 상대는 그냥 무시하고 지나가서는 안 된다. 그런 일을 당하면 상대는 짜증이 나고, '눈치 없는 둔감한 사람'이라고 생각할 것이다. 원하는 대로 칭찬해주고 서열 경쟁에서 빠져나오자.

또 이런 사건도 있다. 동창회에서 오랜만에 만난 친구로부터 쓸데없는 말을 듣고 짜증이 났다는 20대 여성의 이야기이다.

"살 쪘네! 남친이랑 무슨 일 있어? 먹는 걸로 푸는 거야?"

"다이어트 안 해? 남친이 싫어하면 어떡하려고?"

이렇게 눈꼴사나운 서열 경쟁이라면, 칭찬이 아니라 오히려 과감하게 '행복 어필'을 하는 것이 좋을 수도 있다.

"응, 살찐 거 맞아. 남친이랑 잘 지내니까 행복해서 찌나 봐."

"난 다이어트 같은 거 안 해. 그런 거 안 해도 남친이 날 얼마나 좋아하는데."

'너는 하찮은 것을 신경 쓰며 살고 있는 것 같은데, 나는 나만의 행복을 찾았어'라고 은근히 전달하면서 차단해버리는 것이다.

'나는 너무 행복해서 타인이 설정한 서열 따위 신경 쓸 필요가 없어'라는 듯이 말이다.

이런 말을 들으면 상대방은 이를 악물며 분통해할 것이다.

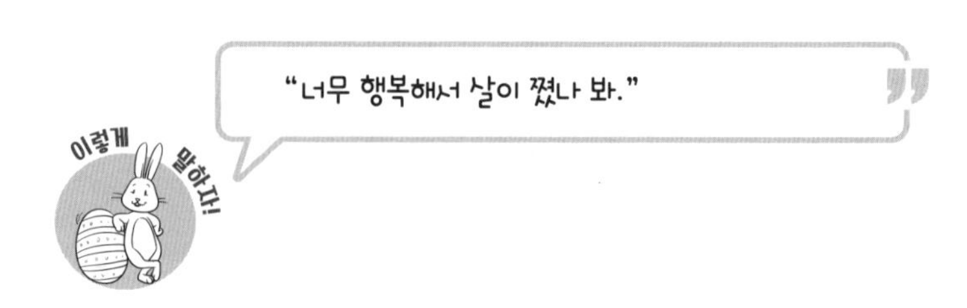

케이스 20

불평을 늘어놓는 사람

그냥 내가 하고 싶은 이야기를 한다

누구나 불평불만을 쏟아내고 싶을 때가 있다. 그러나 계속 그런 이야기를 길게 듣고 있어야만 한다면 곤혹스러울 것이다. 그렇다고 그것 때문에 인간관계를 끊어버릴 수도 없다.

멀리 살고 있는 친구가 매일 남편에 대한 불만을 문자로 보내서 곤란해하는 어떤 여성이 있다. 문자의 내용은 '남편이 도박에 빠져서 저축할 돈이 없다', '남편이 자꾸 회사를 그만두고 싶다고 한다', '언제 헤어져야 할지를 고민하고 있다' 등등이다.

그녀는 언제나 동정하는 듯한 답장을 보냈지만, 친구가 너무 집요하게 문자를 계속 보내니까 어느 순간부터는 '이제 좀 적당히 해라'라는 생각이 들기 시작했다.

이 친구는 왜 이런 행동을 하는 걸까? 사실 이것이 바로 '치환'이다.

"저축할 돈도 없으니까 도박은 그만해!"

"회사 그만둔다는 이야기하지 말고, 열심히 다녀."

이렇게 남편에게 하지 못한 말을 '치환'해서 친구에게 대신하고 있는 것일 뿐이다. 그녀는 왜 남편에게 직접 말하지 못할까? 어쩌면 남편이 폭력을 행사하는 사람일 수도 있다. 스트레스를 주로 술로 푸는 남자일지도 모른다. 혹은 이야기를 꺼냈다가 심한 부부싸움을 한 전력이 있을지도 모른다.

그러다 보니 불만은 매일매일 마음속에 쌓여간다. 발산하지 못하면 출구가 없다. 그래서 누군가에게 말하는 것으로 울분을 푸는 것이다.

이렇듯 불평은 분노나 원한 등 싫은 감정을 당사자에게 직접 말하지 못하는 위치에 있는 사람이 하는 경우가 많다. 그런데 문제는 이것을 들어주는 사람까지 우울해진다는 것이다. 그렇다면 어떻게 해야 할까? 애초에 이런 사람들의 주 타깃이 되지 말아야 한다.

불평을 털어놓는 사람의 심리는 상대가 누구라도 상관없다.

그저 자신의 말을 잘 들어주기만 하면 된다. 이런 사람에게 "나한테 그런 말 하지 말고 종이에 써보지그래"라고 이야기 하고 싶겠지만 차마 그렇게는 못 하니 그냥 상대를 하지 마라. 그 사람이 털어놓기 쉬운 사람이 되지 말라는 말이다. 상대해 주지 않으면, 그사이에 다른 타깃을 발견할 것이다.

그런데 도대체 구체적으로는 어떻게 해야 할까? 그냥 연락을 끊어버리거나 문자에 답을 하지 않는 것 말고 다른 방법이 없을까? 한 가지 예를 들면 '그 드라마 재밌지', '우리 동네에 멋진 카페가 생겼어', '어제 강아지랑 산책했는데 엄청 귀여우니까 사진 보낼게' 등 남편에 대한 불평에 대해서는 언급하지 말고 전혀 상관없는 이야기로 답문자를 보내라. 상대의 이야기에는 반응하지 말고 그냥 자신이 하고 싶은 이야기를 하는 거다.

이때는 가능하면 밝은 화제가 좋다. 하루 종일 어둡고 심각한 생각만 하면서 비관적이 되었을 친구에게 세상에는 그렇게 나쁜 일만 있는 것은 아니라고 생각하게 만들자. 불행의 '색안경'을 벗겨주는 것이다.

이것은 문자뿐만 아니라 대화에서도 마찬가지다. 상대가 일방적으로 계속 불평만 하고 있다면, '그래', '그렇구나'라고 장단을 맞춰주고 나서는 '그나저나 말이야'라면서 내가 하고 싶은 이야기를 시작하면 된다. 그럼에도 상대가 집요하게 다시 자신의 불평불만을 시작하면 그때마다 자신이 하고 싶은 이야기로 돌리면 된다. 이런 일을 몇 번이나 반복하다 보면, 상대도 결국 '내 이야기를 싫어하는구나'라고 눈치챌지도 모른다.

이렇게 정면에서 "그만해", "더 이상 듣고 싶지 않아"라고는 말하지 않으면서도 '상대가 내 마음을 눈치챌 수 있도록' 해야 관계에 금이 가지 않게 하면서 내 의사를 전달할 수 있다.

(불평은 무시하고) "요즘 인기라는 그 영화 봤어?"

케이스 21

피해자 코스프레하는 사람

내가 가해자가 아니라는 걸 확실히 해둔다

악의가 있어서 한 말이 아닌데 갑자기 토라져서 나를 무안하게 만드는 사람들이 있다. 이렇게 '피해자인 척하는 사람'의 행동을 보면 마치 내가 막말이라도 한 것처럼 느껴져서 기분이 나빠진다.

Y는 고등학교 때 친구가 스물두 살에 결혼하게 되었다고 해서 친구들과 다 같이 모여 축하하는 자리에 갔다. 한참 식사를 하던 중 친구에게 "아직 젊은데 왜 결혼하기로 한 거야?" 라고 물었더니, 친구의 표정이 갑자기 굳어졌다.

그러더니 "몇 살에 결혼을 하든 내 맘이야!"라고 차갑게 내뱉듯이 말했다. 그러자 그 자리 분위기는 얼어붙었고 모두가 불편한 자리로 변해버렸다.

Y는 공격하기 위해서 물어봤던 게 아니라 그냥 궁금해서 질문했을 뿐이었다. 그런데 받아들이는 입장에서는 악의로 해석한 모양이다.

이렇게 아주 작은 일로 '피해자'인 척하는 사람이 있다. 친구가 과하게 반응했기 때문에 Y는 이 자리에서 가해자가 되어버렸다. 물론 Y에게도 조금 문제가 있을 수 있다. 어쩌면 빨리 결혼하는 친구를 선망하는 심리가 태도에서 자연스럽게 나왔을지도 모른다. 그 반면에 악의가 전혀 없었을 수도 있다. 하지만 '피해자인 척하는 사람'에게 이런 진심을 전하기는 쉽지 않다.

어쩌면 사람과 사람 사이에 진정한 소통이란 불가능한 것이기 때문에 애초에 내 마음을 알아줄 거라고 기대하지 않는 편이 속 편할지도 모른다. 그러나 이런 사람에게 내 마음을 이야기할 기회가 생긴다면 "내가 그런 생각으로 한 말은 아니야. 그렇지만 네가 오해할 수도 있겠구나"라고 부드럽게 말해보자. 어쨌든 '악의는 없었다'는 것을 분명하게 전달해야 된다.

그렇지 않으면 상대는 언제까지나 자신이 피해자인 것처럼 행동할 것이기 때문이다.

'네가 왜 내 말에 그렇게까지 반응하는지는 모르겠지만, 나는 처음부터 싸우려는 생각은 조금도 없었다'는 것을 분명하게 밝혀두는 게 좋다.

그러고 나서 "서로 오해할 수도 있지"라고 말하면, 상대방도 "나도 너무 과하게 반응한 것 같아"라고 나올 가능성이 커진다.

인간관계에서 어느 한쪽이 무조건 옳고, 다른 한쪽은 무조건 틀린 경우는 없다. 사람도 그렇고 사건도 그렇고 모든 일이 마찬가지이다. 흑과 백으로 극명하게 나눌 수 있는 경우보다는 양쪽 다 회색인 경우가 훨씬 많지 않은가. 그 점을 다시 한번 생각해봐야 한다.

이렇게 말하자!

"그럴 생각은 아니었는데 네가 오해할 수도 있겠구나."

케이스 22

친구인 척하며 공격하는 사람

상대가 프레너미라면 안녕을 고하라

친구인 척하며 공격하는 사람을 가리키는 '프레너미'라는 신조어가 있다. 친구(friend)와 적(enemy)의 합성어인데, 요즘 이런 사람들이 여기저기에서 증가하고 있다고 하니 걱정스럽다. 믿었던 친구에게 배신을 당하면 그 상처는 대단히 깊어 오래간다.

대학생인 H는 같은 동아리 친구들에게 남친과의 문제 등을 상담했다. 친구들은 정성껏 이야기를 들어주었기 때문에 다른 사람에게는 말하지 않던 비밀 이야기도 다 털어놓게 되었다.

그런데 'H가 남친과 잘 안 되고 있다'는 이야기가 금세 동아리에 퍼졌고 결국에는 남친의 귀에까지 들어가게 되었다. 그러자 남친은 "어떻게 나랑 있었던 일을 여기저기에 다 떠벌리고 다니니"라고 말하며 이별을 통보했다.

이런 친구에게는 뭐라고 말해줘야 할까? 우선 이런 친구는 선망 타입일 확률이 높다. H에게 남친이 있다는 게 질투가 나는 것이다. 더 나아가 H가 남친과 헤어지면 자신과 사귈 수 있을지도 모른다는 생각이 마음속 깊은 곳에 들어 있을 수도 있다. 이것인즉슨, '선망+이득' 심리라고 볼 수 있다.

이런 '프레너미'와는 친구로 지내지 않는 게 좋다. 오래된 친구여도 어쩔 수가 없다. 세상에는 그만 끝내도 되는 관계가 생기게 마련이다. 이런 친구가 주변에 있다면 같은 공격을 더 이상 당하지 않겠다는 의미에서 최후통첩을 해두는 것이 좋다. "그런 짓은 관둬. 나는 더 이상 너를 못 믿어"라는 식으로 말이다.

오히려 '이 친구는 더 이상 내 친구가 아니다. 끝내도 좋다'라고 인정하고 나면 마음이 더 편안해진다. 친구라는 관계의 속박에서 해방되어 상황을 더 객관적으로 보는 능력이 생기기 때문이다.

친구가 "그 정도 일로 친구 관계를 끊으려 하다니 너 너무 한 거 아니야?" 내지는 "나랑 관계를 끝내면 너한테도 좋은 거 없잖아"라는 식으로 말한다면 더 생각할 것도 없다. 친구 사이에는 '믿음'이 있어야 한다. 내가 믿을 수 없다고 판단한다면 관계는 끝내는 게 좋다. 아니 그런 관계는 반드시 끝내지 않으면 안 된다.

"그런 짓은 관둬. 나는 더 이상 너를 못 믿어."

| 6장 |

가까울수록 예의를 지키면 문제는 쉽게 풀린다

상처 주지 않으면서 할 말은 하는, 가족 대화술

'소중하게 여기고 있다'는 것을 잘 전하기 위한 대화

가장 가까우면서도 사실은 가장 먼 사람들, 그들이 바로 가족이다. 부모, 형제, 부부. 같은 지붕 아래에서 매일 얼굴을 마주보고 살아도, 마음이 한번 어긋나면 무슨 생각을 하는지, 어떻게 느끼고 있는지도 알 수 없는 사람들. 우리는 이 사람들에게 '가족이니까', '부모니까', '자식이니까', '부부니까'라는 말로 오히려 남에게는 하지 않는 무례를 범한다. 집에서는 사회생활하면서는 절대 하지 않을 행동도 하기 쉽다. 그리고 바로 그 점 때문에 깊은 상처를 주게 된다. 어쩌면 가족이야말로 서로 예의를 지켜야 할 사이일지도 모른다. 그렇게만 해도 문제는 쉽게 풀리기 때문이다.

나의 상담실에는 특히 남편과의 관계로 고민하는 여성이 많이 찾아온다. 그들을 관찰해보면 크게 두 가지 패턴으로 나눌 수 있다.

우선 남편의 말과 행동에 불만과 분노, 공포 등을 안고 있으면서도 아무런 저항을 못하고 그저 참고 있는 경우. 아무 말도 못하고 있기 때문에 그 울분이 마음에 축적되어 자기 자신을 궁지에 몰아넣고 있다. 그리고 또 다른 패턴은 '남편에게 자신의 기분을 말하고는 있지만 그것 때문에 거의 전쟁 상태'인 경우이다. 이런 사람의 이야기를 들어보면, 아무래도 남편에게 사용하는 언어가 원인으로 보인다. 주로 '네가 문제다, 당신이 나쁘다'고 비난하기 때문에 서로 공격을 주고받게 된다. 원래는 자신의 마음을 드러내고 서로 좋은 관계를 만들어보기 위해 이야기를 꺼내도 막상 비난의 말을 들은 상대방도 똑같이 비난으로 응수하기 때문이다.

중요한 것은 어떤 트러블이 생겨도, 정말 용서하기 어려운 공격을 받아도 가족관계는 끊기가 쉽지 않다는 것이다.

상대를 소중하게 여기고 있다는 것을 잘 전달하면서 답답한 나의 심정도 토로하려면 어떻게 하면 좋을까? 이번 장에서는 그 이야기를 해보겠다.

케이스 23

엄마의 심한 말

'상처받았다'고 확실하게 말하라

엄마와 딸의 관계는 아빠와 아들보다 미묘하다.

엄마는 딸을 어떻게든 자신의 생각대로 하려고 한다. 딸은 자유를 원하지만 그렇다고 엄마를 쉽게 버릴 수도 없다. 이 문제는 인류가 탄생했을 때부터 존재하는 것 같다. 어느 여대생은 매일 엄마로부터 심한 말을 듣고 사는데 그때마다 우울해진다. "다 너 위해서 하는 말이야"라는 게 입버릇인 그녀의 엄마는 일상적으로 이런 말을 한다.

"너는 그렇게 예쁘지도 않고 머리도 보통이야. 그러니까 더 열심히 노력해야 돼."

"친구는 점수 잘 받았지? 그런데 너는 왜 그러니?"

어렸을 때부터 엄마에게 이런 말을 듣고 살았던 그녀는 자연스럽게 자기 자신을 엄마가 규정한 대로 인식하면서 살게 되었다. '머리가 보통이고 외모도 뛰어나지 않으니 열심히 노력하지 않으면 안 되는 사람'으로 말이다. 그런데 평생을 그렇게 살다 보니 마음속 깊은 곳에서는 울분이 쌓여갔다. 그리고 도저히 참을 수가 없는 지경에 이르렀다.

엄마와 딸의 관계는 정말로 어렵다. 엄마는 딸이 아무런 문제없이 평범하게 살아가기를 바란다. 하지만 딸은 그런 엄마의 기대가 부담스럽다. 어떤 문제가 생길까 봐 그것을 미연에 방지하려고 엄마는 어떻게든 딸을 지배하려고 하지만 딸의 입장에서는 그런 엄마가 달갑지 않다.

그런데 "다 너를 위해서야"라는 엄마의 말은 '너를 지배하고 싶어'라는 말이기도 하지만 또 다른 메시지도 있다. 그것은 바로 '나를 버리지 마'이다. 심한 경우에는 '나보다 행복해지면 안 돼'라는 메시지이기도 하다.

그렇다면 이 여대생은 어떻게 해야 할까? 사실 엄마와 딸의 관계도 인간관계의 기본을 따르면 된다. 우선 내가 상처받았다는 것을 말이나 태도로 보여주는 것부터 시작해야 한다. 왜

냐하면 그녀의 엄마는 자신의 말이 딸에게 상처를 준다는 것을 모르고 있기 때문이다. 스스로 깨닫지 못하기 때문에 확실히 알려줄 필요가 있다.

여대생의 엄마는 왜 그것을 깨닫지 못하는 걸까? 아이를 '나의 분신' 내지는 '나의 소유물'이라고 생각하기 때문이다.

내 배 속에서 나와 내 손으로 키웠기 때문에 내가 하는 말을 듣는 것이 당연하다, 나와 똑같이 느끼는 게 당연하다고 생각하는 것이다.

한마디로, 이 엄마는 자신이 딸과 잘 소통하고 있다고 착각하고 있다. 자신 때문에 딸이 상처를 받고 괴로워하고 있을 거라고는 생각하지 못했을 것이다.

그렇다면 딸은 어떤 식으로 말해야 할까? 직설적으로 "그런 말을 들으면 괴로워"라고 말하는 게 좋다. 엄마는 딸이 자신의 말 때문에 상처받는다는 것을 모르고 있기 때문에 이 정도만으로도 효과적이다.

"엄마, 자꾸 나한테 못생겼다고 하는데, 그건 유전 아니야?"라고 대꾸해도 좋다. 조금 심할 정도로 강하게 말하지 않으면 엄마는 좀처럼 바뀌지 않을 것이다.

어떤 엄마든 예전에는 딸이었던 시절이 있었다. 그 시절에는 그녀들도 자신의 엄마로부터 같은 말을 들었을지 모른다. 하지만 그 일은 잊은 채, 지금 엄마의 입장에 흠뻑 젖어 예전 자신의 엄마가 그랬던 것처럼 공격자가 되어버린 것이다.

이것이 바로 정신분석가이자 프로이트의 딸인 안나 프로이트가 말한 '공격자와 동일시'라는 메커니즘이다.

피해자였던 사람이 어느 순간 똑같은 방식으로 또 다른 사람에게 가해자가 되어 자신이 과거에 느꼈던 불안감이나 무력감을 극복하려고 한다는 것이다. 집단 괴롭힘을 당했던 아이가 추후에 가해자가 되는 경우와 같은 메커니즘이다. 엄마와 딸의 관계에서도 그 구조가 반복되는 것이다. 이렇게 반복되는 가해와 피해의 순환 고리를 끊기 위해서는 용기가 필요하다.

"엄마한테 그런 말을 듣고 나서 나는 상처받았어. 너무 괴롭고 마음이 아파"라는 말을 제대로 전달해야 한다.

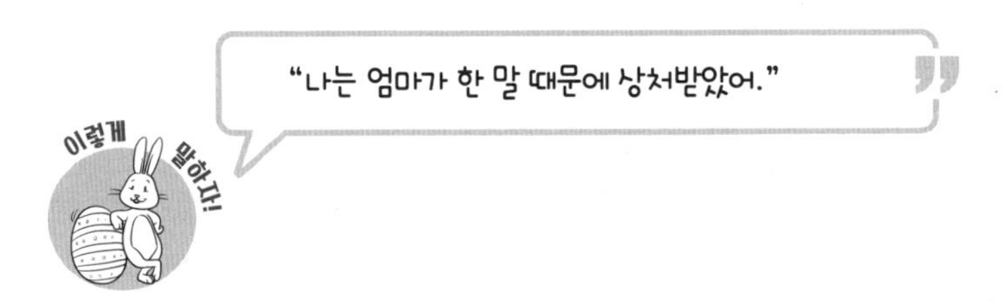

케이스 24

과잉 간섭하는 부모

'엄마는 엄마고, 나는 나다'를 확실히 각인시켜라

부모가 아이 일에 간섭하는 경우는 동서고금을 막론하고 너무 많아서 일일이 셀 수가 없다. 한마디로 모든 가정에서 일어나는 보편적인 문제라 할 수 있다.

현재 사귀고 있는 남성 때문에 고민 중인 어떤 여성이 있다. 그런데 문제는 그녀의 엄마였다. 그녀의 애인에게 직접 연락을 해서 '우리 딸은 요리를 못하고 청소도 좋아하지 않는다', '잘해주는 사람과 결혼하고 싶어 한다', '우리 딸을 소중히 대해줘라'라는 내용의 말을 하더니, '내가 전화했다는 말은 딸에게 하지 말아달라'는 부탁까지 했다고 한다.

남자친구로부터 이야기를 들은 딸이 항의하자, 엄마는 "네가 걱정돼서 그랬어", "세상에서 너를 가장 생각하는 것은 나야"라면서 반박했다고 한다.

이 엄마는 '딸을 생각하는 엄마'를 연기하고 있다. 하지만 앞서 말한 엄마처럼 딸에게 버림받고 싶지 않은 심리가 강한 사람이다.

자신이 이 세상에서 가장 딸을 위해주는 사람이라고 주장하는 것에서 그런 심리가 느껴진다. 그것은 엄마의 일방적인 착각일 뿐이다. 이 엄마는 자신에게 가장 소중한 딸에게 버림받는 것이 두려워 딸과 애인과의 관계를 방해하고 있다. 어쩌면 무의식적으로 딸이 자신보다 더 행복해지는 것이 싫을 수도 있다. 단지 엄마 스스로가 그것을 깨닫지 못하고 있을 뿐이다.

이런 엄마의 지배에서 벗어나려면 "엄마, 저는 엄마의 분신이 아니에요"라고 확실하게 말해야 한다. 엄마에게 너무 가혹하다는 생각에 이런 말을 하지 않으면, 엄마는 언제까지나 자신의 행동이 딸을 위하는 거라고 오해할 것이다.

아들의 경우에도 마찬가지이지만 뉘앙스가 약간 다르다. 딸의 경우에는 지배하고 싶은 심리가 강하지만 아들의 경우에는 다른 여성에게 뺏기기 싫은 심리가 강하다. 희생적이고 자식을 위해서 헌신했던 엄마일수록 보상 심리 때문에 이런 심리도 강해진다. 아들을 다른 여자에게 뺏기고 싶지 않아서 통금 시간을 정해놓은 엄마도 본 적이 있다.

어떤 20대 남성도 엄마의 간섭 때문에 고민하고 있다. 무엇이든 자신의 인생에서 결정을 내려야 할 때 반드시 엄마가 끼어들었다.

예를 들어 구직 활동을 시작했을 때, 그의 엄마는 '우량 기업 베스트 10'과 같은 표를 가져와서 그중에서 골라 목표를 삼으라고 했다. 그가 자신이 알아서 하겠다고 말하자 엄마는 "다 너를 위해서 조사한 건데, 그게 무슨 말이야!"라면서 화를 냈다. 이렇듯 아들의 경우에도 엄마 혹은 아빠가 모든 일에 간섭하는 케이스는 몹시 많다.

이것은 앞서 말했듯 부모가 아이를 자신의 분신이자 한몸이라고 생각하기 때문에 벌어지는 일이다. 한몸이기 때문에 자신과 같은 생각을 하는 게 당연하고, 자신이 기획한 대로 움직이는 게 당연하다고 여기는 것이다. 이런 위험한 생각을 하는 부모에게는 '나는 당신과 같은 인간이 아니다'라는 메시지를 전달해야 한다.

"엄마는(아빠는) 그렇게 생각할지도 모르지만 나는 달라."

이렇게 확실히 말해야 한다.

이렇게 말하자!

"엄마, 아빠, 저는 당신의 분신이 아니에요."

케이스 25

불평하는 시어머니

남편이 내 편이라는 것을 피력하라

고부간의 갈등은 역사가 길지만 언제나 새로운 문제이기도 하다. 과거에는 며느리 입장에서 무조건 복종하는 것이 미덕이었지만 시대가 바뀌면서 새로운 양상으로 바뀌는 추세다. 시어머니에게 어떻게든 자신의 마음을 표현해야 하는 시대가 된 것이다.

어떤 40대 여성은 시댁에 선물을 사 갔다가 기분 나쁜 경험을 했다.

"좀 더 괜찮은 선물이 있었을 텐데."

"너는 좀 센스가 없구나."

또한, 시댁에서 요리를 했다가 싫은 소리를 듣기도 했다.

"우리 집이랑 맛이 다르네."

"이런 음식을 먹고 있다니 우리 아들이 불쌍하네."

이렇게 대놓고 심한 말을 아무렇지도 않게 하는 시어머니에게 무슨 말로 대꾸해줘야 할까?

우선 며느리와 시어머니는 한 남자(시어머니에게는 아들, 며느리에게는 남편)를 둘러싼 삼각관계라는 것을 잊지 말자. 시어머니 입장에서는 며느리에게 '소중한 아들을 뺏겼다'는 심리를 갖고 있다. 아들에 대한 사랑이 너무 강한 경우에는 '도둑맞았다'라고까지 생각한다. 누가 며느리로 들어온다고 해도 이 구도는 마찬가지이다. 잘난 며느리는 잘난 대로, 못난 며느리는 못난 대로 성에 차지 않는 것이다.

그러니 '눈치가 없다', '요리를 못한다'고 말을 하더라도 그 내용은 그다지 중요한 것이 아니다. 눈치가 빠르고 요리를 잘하는 며느리가 들어와도 다른 뭔가가 맘에 안 든다고 할 게 불 보듯 뻔한 일이기 때문이다.

이 사례에 등장하는 시어머니는 며느리에 대한 질투심도 있지만 자기애가 지나치게 강한 사람이라는 것이 핵심이다. 자신이 며느리보다 더 위라는 것을 보여주고 싶은 것이다.

그러나 침착하게 생각해보면, 며느리 쪽이 절대적으로 승자라는 것을 알 수 있다. 우선 생물학적으로 며느리 쪽이 압도적으로 젊다. 먼저 죽을 확률도 시어머니가 월등히 높다. 며느리 쪽이 절대적으로 이길 수밖에 없다.

어떻게 보면, 시어머니는 자신이 이미 졌다는 것을 잘 알고 있기 때문에 더욱더 '요리는 내가 더 잘해', '육아 경험은 내가 더 많아'라면서 우월감을 느끼고 싶은 것이다. 그렇게 생각해 보면 그저 안쓰러울 뿐이다. 이 사실을 깨닫고 나면 굳이 시어머니에게 되받아치지 않더라도 이미 이긴 기분이 들 것이다. 그러나 계속 이런 막말을 듣지 않으려면 뭔가 자신의 의사 표현을 해야 한다. 예를 들어 선물이 맘에 안 든다고 대놓고 말하는 시어머니에게는 이렇게 말해보자.

"아, 그래요? 그거 남편이랑 같이 고른 건데 별로세요?"

또 음식 맛에 대해 불평하는 경우에는 이렇게 말하는 것이다.

"남편은 제 요리가 삼삼해서 너무 맛있다고 좋아해요. 어머니 입맛에는 안 맞는 모양이네요."

이렇게 '남편은 내 편이에요'라는 메시지를 전달하는 것이다. '남성 한 명과 두 명의 여성'이라는 삼각 구도에서 그 남성이 내 편이라고 해버리면 게임은 이미 끝난 것이다. 핵심은 '당신이 아무리 그러셔도 당신 아들은 제 편이에요'라는 이미

지를 확실히 인식시키는 것이다.

쓸데없는 불평을 들었다면 "남편은 그런 거 신경 안 쓰던데요"라고 말하면 된다.

또 시어머니가 나와 다른 의견을 말하거나 반대할 경우에도 "어머니, 그거 남편이랑 둘이서 결정한 거예요" 하면 된다.

단, 이런 말을 할 때 너무 자랑하는 것처럼 들리지 않도록 주의해야 한다. 감정의 동요 없이 담담하게 이야기하면 된다. 그러면 더 이상 시어머니도 할 말이 없어질 것이다.

"어머니, 그거 남편이랑 둘이서 결정한 거예요."

케이스 26

휴일마다 집에 오라고 하는 시어머니

남편에게 나의 기분을 설명한다

기혼 여성에게 시부모의 간섭은 정말 성가신 일이다. 많은 며느리들이 자주 연락하는 시부모 때문에 고심에 빠진다. J도 그런 며느리 중 하나다. 그녀는 휴일마다 집으로 오라고 전화하는 시어머니 때문에 머리가 아프다. 쉬는 날은 자신도 집에서 여유 있게 보내거나 남편과 둘이 외출하고 싶기 때문이다. 하지만 시어머니는 아들 부부가 집에 오는 것이 당연하다고 생각하고 남편도 그에 대해서는 별 생각이 없어 보인다. J는 남편이 자신의 엄마로부터 감정적으로 독립하지 못한 마마보이라서 너무 화가 난다고 투덜거렸다.

그런데 슬프게도 모든 남성은 마마보이 기질을 갖고 있다.

프로이트도 『정신분석입문』에서 '아들에게는 자신의 리비도적 욕망을 엄마가 아닌 다른 누군가에게 향하게 하는 것이 과제이다'라고 지적한 바 있다. 여기서 말하는 '리비도적 욕망'을 '애정'으로 바꿔서 생각하면 된다. 세상의 모든 아들은 자신의 애정을 엄마가 아닌 다른 누군가에게 향하게 하는 과제를 안고 있는 것이다.

그러나 마마보이 기질을 완전히 버리는 것은 쉬운 일이 아니다. 프로이트 자신도 그 사실을 너무나 잘 알고 있었다. 프로이트야말로 마마보이의 원조와 같은 사람이었기 때문이다. 프로이트의 엄마는 후처로 꽤 젊었을 때 프로이트를 낳았기 때문에, 그는 태어나서 죽을 때까지 거의 엄마와 함께 살았다. 2, 3년 파리에서 유학 생활을 하던 시기에 따로 살았던 때를 제외하면 인생의 대부분을 엄마와 함께 살았다. 그야말로 '초마마보이'로 살 수밖에 없었던 환경인 것이다.

여성들은 당연히 싫겠지만 남성들은 대부분 마마보이 기질을 갖고 있다. 이것을 그냥 인정하고 나면 오히려 담담하게 대처할 수 있다. 휴일마다 주말에 가는 일도 그 연장선에서 생각할 수 있다.

마마보이인 남편은 어쩔 수 없이 시어머니를 만나야 한다. 그러니 두 사람이 만나면 해결될 일이다. 며느리는 남편과 따로 행동을 하면 된다. 남편만 보내고 자신은 자유롭게 시간을 보낸다. 이걸로 모든 것이 해결된다!

물론 간단해 보이지만 남편에게는 이것을 어떻게 이야기해야 하는지, 그것이 문제다. 여기서 그때 써먹을 대화법을 소개해보겠다.

남편과 시어머니에 대해 이야기할 때는 우선 주어를 '나는'으로 시작하는 문장을 사용해라. '어머님은' 혹은 '당신은'과 같은 주어를 사용하면 싸움만 날 뿐이다.

"왜 어머니는 쉴 때마다 우리를 부르시는 거야?", "어머니는 우리를 좀 쉬게 해주시면 좋겠는데"와 같은 말은 NG다. 그러면 남편은 기분이 나빠져서 "우리 엄마 나쁘게 말하지 마"라고 대꾸할 확률이 높다. "당신은 어떻게 하고 싶은데? 당신은 나보다 어머니랑 지내는 게 중요한 거야?"와 같은 말도 마찬가지이다. 남편과 헤어질 생각이 아니라면 그에게 자신과 시어머니 중 한 사람만 택하라고 할 수도 없는 노릇이다. 또한 남편 입장에서는 이런 말을 들으면 비난당하는 것처럼 느껴져서 곤혹스러울 뿐이다.

그런데 '나는'을 주어로 말하면 느낌은 사뭇 달라진다.

"나는 휴일에는 좀 집에서 편하게 쉬고 싶어."

"나는 당신이랑 둘이서만 보내는 시간도 갖고 싶어."

이렇게 말하면 시어머니나 남편을 부정하지 않으면서도 나의 솔직한 기분을 충분히 전달할 수 있다.

"나는 주말에는 당신과 둘이 시간을 보내고 싶어."

케이스 27

프라이버시를 침범하는 아내

'침범하지 않는 선'을 정해서 확실히 말한다

개인 정보가 가득 들어 있는 휴대 전화는 잃어버리면 큰일이다. 물론 누군가가 몰래 보는 것도 끔찍한 일이다. 지인 남성이 어느 날 아내가 자신의 휴대폰을 체크한다고 털어놨다.

"씻는 척하면서 몰래 보니까 역시나 아내가 제 휴대폰을 만지고 있었어요. 하지 말라고 했더니 보면 안 되는 거라도 있느냐면서 본인이 오히려 화를 내면서 우는 거예요."

아무리 부부 사이라도 서로 사생활을 존중해야 한다는 것을 이 아내도 알고 있을 것이다. 그런데 그녀는 왜 남편의 휴대폰을 보는 걸까? 이런 행동을 하는 여성의 심리는 주로 '버림받을지도 모른다는 불안감'이다. 쉽게 말하면 남편이 바람을 피우고 다른 여자에게 가버려서 자신을 버리면 어떡하나라는 불안감이다.

어쩌면 이 아내는 예전에 사귀었던 남성이 바람을 피워서 피해를 본 적이 있거나 그런 사건을 겪으면서 트라우마가 생겼을지도 모른다. 과거에 받았던 상처를 피하기 위해서 이런 일을 저지르고 마는 것이다. 원래 불안이 강한 사람일수록 지배 욕구가 강하다. 남편을 믿지 못하기 때문에 오히려 더 자신의 지배하에 두려는 것이다.

이런 아내에게는 뭐라고 말하면 좋을까?

물론 평소에 애정 표현을 자주 해서 '버림받을지도 모른다는 불안감'이 발동하지 않도록 하는 것이 가장 중요하다. 그리고 그와 동시에 확실하게 '침범하지 않는 선'을 정해서 말해야 한다.

"내가 당신이랑 똑같이 행동하면 어떨 것 같아?"

"당신이 그렇게 하니까 무시당하는 느낌이야."

"가족이지만 당신과 나는 서로 다른 사람이니까 서로의 영역은 존중해줬으면 좋겠어."

이런 말을 할 때는 장난기를 배제하고 진지한 자세를 취해야 한다. 그렇게 확실하게 해두지 않으면 서로 감정의 골만 깊어질 뿐이다.

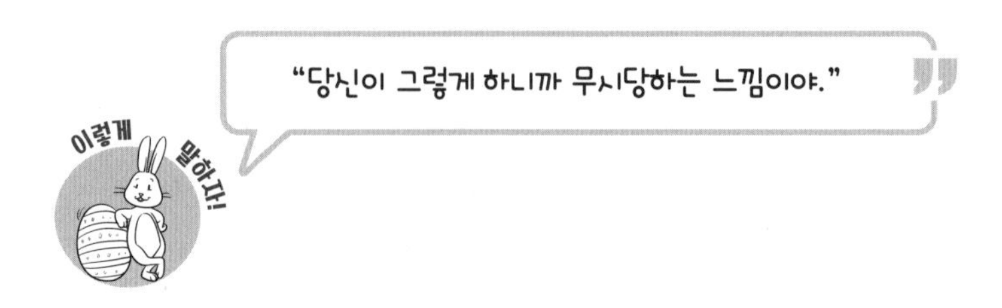

케이스 28

폭언하는 파트너

불쾌한 감정을 있는 그대로 표현하라

남편이나 애인, 즉 파트너로부터 언어폭력을 당한 적이 있는 여성은 너무나 많다.

K도 남편에게 폭언을 들으며 사는 것이 너무나 힘들다고 말하는 여성이다. 그녀의 남편은 아주 작은 일로도 큰소리를 내며 물건을 집어던진다. 그러면서도 자신은 한 번도 직접적으로 때린 적은 없다면서 '나는 폭력을 행사하는 남자는 아니야'라는 식의 주장을 편다.

K는 "너랑 결혼해서 한 번도 좋았던 적이 없어"라고 말하는 남편을 보면서 함께 살고 싶은 마음이 없어질 때도 종종 있었

지만 아이를 생각하면서 참고 있다.

이 남편은 '치환' 타입이라고 볼 수 있다. 외부에서 받은 스트레스와 사회적으로 풀지 못한 욕구 불만을 만만한 아내에게 발산하고 있을 가능성이 높다. 결혼 생활이 잘 풀리지 않는 책임도 아내에게 있다고 비난하면서 책임을 전가하고 있다.

어쩌면 이득이 얽혀 있을지도 모른다. 이 남편이 이미 바람을 피우고 있을 경우이다. 폭언을 계속 함으로써 아내 쪽에서 참지 못하고 이혼 이야기를 꺼내준다면 위자료 없이 헤어질 수 있고, 지금 사귀고 있는 여성과 결혼할 수 있을 거라는 계산이 있을 수 있다.

이 남편은 자신이 직접적으로 때린 적은 없다고 강조하고 있다. 이것은 만약 자신이 폭력을 행사하면 이혼 시 불리할 수 있다는 걸 염두에 두고 한 말일 수도 있다.

만약 그런 경우라면 주변 사람들을 비롯해서 법률 전문가와 상담도 생각해봐야 한다. 그리고 상황에 따라서는 정말 이혼 수속을 밟아야 할지도 모른다. 그러나 그전에 먼저 남편에게 자신의 감정을 확실하게 밝혀보자.

"말로 하는 것도 분명 폭력이야."

"당신이 그렇게 말할 때마다 온몸에 멍이 드는 것 같아."

"결혼 상대로 나를 선택한 것은 당신이야. 그리고 당신을 선택한 것도 나야. 내가 선택한 사람이랑 나도 기분 좋게 살고 싶어."

이렇게 말하자!

"내가 선택한 사람이랑 나도 기분 좋게 살고 싶어."

케이스 29

나를 무시하는 파트너

'마법의 문장' 사용하기

남편에게 폭언을 듣거나, 무시당하고 가혹한 대우를 받는 여성들의 이야기는 셀 수 없이 많다.

"당신은 전업주부니까 편하고 좋겠네."

내가 아는 전업주부 L도 남편에게 늘 이런 말을 들어서 화가 난다.

"내가 일하고 있는 동안 집에서 잠도 자고 좋겠네."

"아이랑 놀 수 있다니, 부러워."

이런 아빠를 둔 아이들은 그 영향을 고스란히 받아서 똑같이 말하게 된다.

L은 "엄마는 학교도 안 다니고 회사도 안 가서 좋겠다"라는 말까지 듣게 되었다. 아이까지 그런 말을 하자 그녀는 더 이상 참을 수가 없었다. 하루 종일 가사 노동에 시달리고 가족들의 뒤치다꺼리를 하고 있는데 '논다'라고 표현하다니 요즘 같은 세상에서 있을 수 없는 일이었다. 게다가 자신이 전업주부가 된 것은 순전히 남편 때문이 아닌가? 이런 남편에게는 뭐라고 따끔하게 이야기해줘야 할까?

우선 이 남편 역시 앞서 이야기한 남편과 마찬가지로 '치환' 타입이다. 회사라는 조직에서 자신보다 높은 권력자에게 받은 스트레스와 일에서 쌓인 울분을 집에 와서 푸는 것이다. 원래는 자신에게 스트레스를 주는 당사자에게 풀어야 하지만 그럴 용기가 없으니 가장 만만한 아내에게 발산하는 것이다. '치환' 타입은 자신보다 못한 사람을 찾아내어 그 사람보다 자신이 더 가치 있는 인간이라는 것을 확인하고 싶어 한다. 자신 밑에 누가 있다는 것을 확인하고 나서야 안도감을 느낄 수 있는 것이다. 게다가 회사에서는 자기의 의지대로 되는 일이 없다.

사실 그렇다면 이런 사실을 아내에게 털어놓고 의지하면 되는데 남자의 자존심을 내세우는 타입이라 절대 그럴 생각이 없다. 오히려 반대로 '너를 먹여 살리는 것은 나야'라고 으스대면서 아내를 무시하는 걸로 푼다. 자신이 사회에서 당한 억울함을 집에 가서 가장 약자인 아내에게 푸는 것은 전형적인 케이스이다.

이런 사람들의 특징은 강자에게 약하고 약자에게 강하다는 것이다. 그러니 약하게 굴면 안 된다. 부부 사이라도 마찬가지이다. 내가 그렇게 만만한 사람이 아니라는 것을 보여줘야 무시하지 않는다. 상황이 이런데도 돈 버느라 고생하는 남편이 안쓰러워서 그냥 받아주다 보니 그것이 너무나 당연한 거라고 생각해버리는 것이다.

이런 남편에게는 이렇게 말해보자.

"아, 그래? 그러면 당신이 집안일 다 할래? 청소, 빨래, 요리 당신이 다 해봐."

"내가 집에서 논다고? 똑같은 방식으로 말해볼까? 회사원은 매일 회사에 가기만 하면 월급 나오니까 참 편하겠다. 이런 말 들으면 기분이 어때?"

물론 이렇게 말하면 당장 내 분은 풀리겠지만 상대는 머리끝까지 화가 나 더 퍼부을 가능성이 농후하다.

"뭐야! 네가 뭘 안다고 그래!"라고 반격할 것이다.

공격을 공격으로 받아치면 다시 나에게 부메랑처럼 돌아온다는 사실을 잊지 말아야 한다.

남편이 폭언을 하고 무시하고, 기분 나쁜 태도로 화풀이를 하려고 하면 "당신을 미워하고 싶지 않으니까 더 이상은 말하지 마", "당신한테 그런 말을 듣는 내 입장이 돼서 한번 생각해봐"라고 말해라.

'당신'의 말 때문에 '내'가 상처받았다는 사실을 정확히 전달하는 것이 중요하다. 그러고 나서 '그래도 나는 당신을 미워하고 싶지 않다', '당신과 좋은 관계를 유지하며 잘 지내고 싶다'는 의사를 표현하는 것이다.

이렇게 말하면 곤두서 있던 남편의 마음도 조금은 가라앉을 것이다.

만약 이쯤에서 남편이 "나도 말이 너무 심했어, 미안해"라고 한다면 넓은 마음으로 이해해줄 수 있을 것이다.

이 남편은 아내에게 자신의 힘든 회사 생활에 대해 투정 부리고 싶은데 그 방법을 잘 몰라서 이렇게 말하는 것일 뿐일 수도 있다.

'당신을 미워하고 싶지 않아.'

이 한마디는 온갖 쓸데없는 말싸움과 트러블에 종지부를 찍는 마법의 문장이다. 그래도 이 남편과 앞으로 함께 살아야 한다면, 본의 아니게 싸우게 되더라도 그가 나에게 소중한 사람이고 좋은 관계를 유지하고 싶다면 이렇게 말해보자.

'나는 지금 당신에게 상처를 주는 게 목적이 아니라 서로 기분 좋게 살고 싶다고 이야기하는 것이다'는 본심을 전달해야 한다.

나에게 소중한 사람과의 관계가 잘 풀리지 않을 때, 이 말을 비장의 카드로 써보면 효과가 있을 것이다.

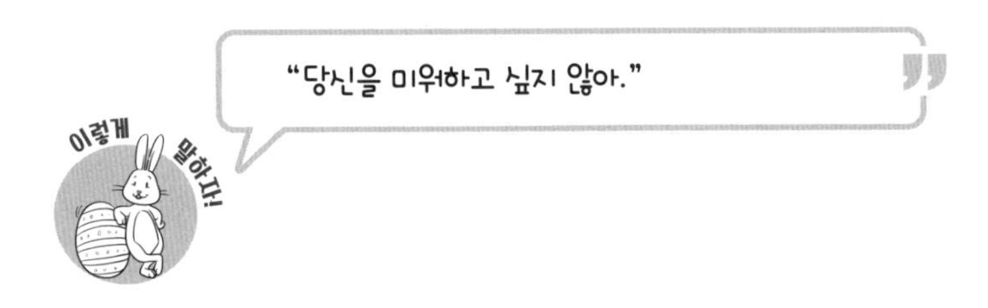

| 7장 |

당신은 쉬운 사람인가요?

타깃이 되지 않기 위해,
나에게 던지는 질문

'타깃이 되기 쉬운 사람과 그렇지 않은 사람'의 차이

지금까지 우리가 일상에서 쉽게 경험하는 다양한 말 공격과 그 대처법에 대해 알아보았다.

그런데 애초에 공격의 타깃이 되기 쉬운 사람과 그렇지 않은 사람이 있다. 이 둘 사이에는 어떤 차이점이 있는 걸까?

타깃이 되기 쉬운 사람은 좋게 말하면 소위 말하는 '좋은 사람'이다.

즉, 타인의 요구를 잘 거절하지 못하는 사람, 다른 사람의 비위를 맞추려고 하는 사람, 인정받고 싶어 하는 사람, 호감을 얻고 싶어 하는 사람이라 할 수 있다. 그러나 이것을 달리 표현하면 만만한 사람, 쉬운 사람, 함부로 해도 되는 사람이기도 하다.

정신분석학에서는 이런 사람을 가능한 한 '타자의 욕망'을 만족시켜 주려고 노력하는 사람이라고 표현한다. 이들은 자신의 욕망보다도 타자의 욕망을 우선시하는 경향이 강하다. 이런 사람은 어린 시절 '착한 아이'였던 사람이다. '사랑받고 싶은' 나머지, 부모의 욕망을 채워주기 위해 노력하면서 살아온 사람이다. 부모에게 맞춰서 사는 방식이 습관이 되다 보니 수동적인 사람이 돼버린 것이다.

그런 사람은 타깃이 되지 않도록 주의해야 한다.

Q1 나는 '반격하지 않는 사람'인가요?

당할 사람이 아니라는 것을 보여주기

타깃이 되기 쉬운 사람이 '착한 사람'이라면 타깃이 되기 어려운 사람은 어떤 사람일까?

간단히 말하면 '이 사람을 공격했다가는 내가 공격받을 것 같다'라는 생각이 드는 사람이다. 인간이란 슬프게도 약자를 괴롭힌다. 집단 괴롭힘도 마찬가지이다. 강자를 괴롭히지는 않는다. 학교도 직장도 사람이 모인 집단은 권력관계로 이루어져 있다. 그리고 대개의 경우 강자는 약자를 괴롭힌다. 어떤 환경에서도 이런 일은 발생할 수 있다. 인간이 만든 모든 조직에서는 이런 힘의 원리가 작동하고 있는 것이다.

그렇다면 내가 공격당하지 않기 위해서는 어떻게 해야 할까? 괴롭힘을 당하는 사람은 얌전하고 반격하지 않는 사람이다. 그러니까 당하지 않으려면 이런 사람으로 보이면 안 된다. 만약 누군가 나를 공격한다면 '그대로 되돌려주겠다', '나는 복수도 할 수 있다'라는 것을 보여줘야 한다. 상대방이 '이 사람은 가만히 당하고 있지 않구나'라고 느끼게끔 해야 한다.

타깃이 되지 않으려면 상대를 완전히 꼼짝 못하게 하는 것까지는 아니더라도, 무슨 말이든 '대꾸하는' 것이 좋다.

진지할 필요가 없다

덧붙여, 공격받기 쉬운 사람은 모든 일을 너무 진지하게 생각하는 경향이 있다.

'그 상사는 나를 미워하고 싫어하는 게 틀림없어.'

'그런 말을 하는 것은 내가 도움이 되지 않기 때문이야.'

이런 식으로 상대의 공격을 너무 진지하게 받아들이는 성실한 사람이다.

상대가 말하는 것, 그 이상의 것을 제멋대로 생각해버리기도 한다. 한마디로 생각이 너무 많은 것이다. 이런 경향이 있는 사람은 '상대는 그렇게 말하고 있지만, 저런 말은 진지하게 받아들일 필요가 없어'라고 생각할 줄 알아야 한다.

'타인의 욕망'을 충족시키려고 하지 않기

약자에게 공격을 퍼붓는 사람은 자신의 가치관과 자신의 기준이 절대적으로 옳다고 착각하며 그것을 강요하는 부류이다.

그런 사람을 대할 때는 '당신의 기준은 당신의 것, 나의 기준과는 다르다'고 확실히 분리해서 생각할 필요가 있다. 이것은 2장에서 말한 '상대의 감정과 자신의 감정에 경계선 긋기'와 연결된다.

공격적인 사람은 반드시 자신의 기준과 감정을 강요하려고 한다. 자신이 절대적으로 옳다고 착각하고 있기 때문이다. 그것을 뒤엎기 위해서도 나의 생각이나 감정과는 다르다고 확실하게 말해야 한다.

'옳은 것'은 반드시 한 가지가 아니다. 극단적인 예를 들어 '살인을 하면 안 된다'는 것도 절대적인 정의가 아닐 수도 있다.

자신이 살해당할 위험에 처한다면 정당방위로 상대방을 찌를 수도 있기 때문이다. 세상의 모든 일이 다 그렇다. 어떤 한 의견만이 '절대적으로 옳다'라는 것은 있을 수가 없다.

'나는 만만한 사람인가?'

Q2 주변에 맞추기 위해 무리하고 있나요?

친절한 사람과 자기 기준이 없는 사람 사이

공격의 타깃이 되기 쉬운 사람의 또 한 가지 특징은 자기만의 기준이 없다는 점이다.

주변 사람들에게 맞추면서 살다 보니 자신이 무엇을 좋아하는지 싫어하는지 잘 모른다. 먼저 제안하기보다는 주변 사람들이 제안한 것에 따르는 것이 습관이 되어 있다. 얼핏 보면 '좋은 사람'이다. 항상 친절하고 배려심 있고 주변 사람들에게 맞추는 사람인 것이다. 그러나 뒤집어 생각해보면 자기 기준이나 사고관이 없는 사람이라 볼 수도 있다. 모든 것에는 이렇듯 양면성이 있다.

스스로 무엇인가 결단하거나 선택하는 것이 불가능한 수동적인 성격. 본인이 이런 성격은 아닌지 되돌아봐야 한다.

이런 사람은 자신의 인생조차 타인의 기준으로 평가하려고 한다. 그러다 보니 자기 자신을 위해서 사는 게 아니라 타인의 욕망을 충족시키기 위해 산다. 그것 말고는 자신의 존재감을 확인할 수 없기 때문이다. 누군가에게 좋은 사람이라고 평가받고, 인정받는 것에 지나치게 신경쓰고 있다면 스스로를 한번쯤 의심해봐야 한다. 이런 성향이 너무 강하면 자신이 뭔가를 선택하지도 못하고 책임지지도 못하는 사람이 될 위험도 있다.

부모는 내 인생을 대신 살아주지 않는다

물론 사람이 어른이 되어서 완벽하게 자신만의 기준을 갖는다는 것은 대단히 어려운 일이다.

나 자신도 '타인의 기준'에 맞춰 살았다. 일단 어린 시절부터 작가나 기자 같은 글 쓰는 사람이 되고 싶었지만 부모님이 의사가 되길 바랐기 때문에 결국 '타자의 욕망'을 충족시키기 위해 의대에 진학했다. 만약 내가 그때 나 자신의 욕망에 충실했다면 의대가 아닌 인문대로 진학할 수도 있었을 것이다. 그런데 지금 되돌아보면 그 당시의 나는 책임지고 싶지 않았던 것 같다. 부모님이 말하는 대로 진학하면, 설령 일이 잘 풀리지 않더라도 내 잘못이 아니고 부모님의 잘못이라고 원망하면 그만이라고 생각했던 것 같다.

요즘 젊은 사람들 중에는 이런 생각을 갖고 있는 사람이 정말 많은 것 같다.

부모가 하라는 일을 하고, 하지 말라는 일은 하지 않는다. 그렇게 부모 말을 잘 들어서 일이 순조롭게 풀린다면 모르지만 삶은 변수로 가득하다. 사회생활을 하면서 이렇게 누군가에게 공격을 받거나 역경에 처했을 때는 제대로 대처할 수가 없기 때문이다.

내가 강조하고 싶은 말은 자신의 인생을 책임져줄 사람은 아무도 없다는 것이다.

'타자의 욕망'에 맞춰주기 위해 지금 무리하고 있지는 않은가? 물론 그렇게 살면 '좋은 사람'이라는 말을 들으면서 사람들에게 사랑받을지도 모른다.

하지만 약자를 타깃으로 삼는 누군가에게 공격을 받거나 막

말을 들어서 우울해지고 상처받을 수도 있다. 이때 괴로운 사람은 그 누구도 아닌 자기 자신이라는 것을 잊지 말아야 한다.

'나는 나를 위해 살고 있을까?'

Q3 하기 싫은 일을 억지로 하고 있나요?

하기 싫은 일은 잘할 수 없다

그렇다면 어떻게 해야 자신만의 기준을 가질 수 있을까?

타인의 기준에 따라서 사는 것이 아무 문제가 없을 때는 '내 기준'을 만들어야겠다는 필요도 느끼지 못한다. 나도 예외가 아니었다. 하고 싶은 공부를 못하게 되었지만 주변 사람들로부터 "의대에 들어가다니 너 참 대단하다"라는 말을 계속해서 듣다 보니 왠지 찝찝했던 마음도 사라지게 되었다.

그런데 의사로 일하면서 몇 번이나 큰 좌절을 경험했다. 그러고 나서야 비로소 '타인의 욕망'을 좇는 것만으로는 내 인생을 살 수 없다는 것을 깨달았다. 이렇게 인생을 살아가면서 좌절을 겪은 후에야 자신의 기준이 왜 필요한지 절실하게 알게 된다.

자신만의 기준을 만드는 방법 중 하나는 타인의 요구를 거절하는 것이다. 적극적으로 거절하는 방법도 있을 것이고 간접적으로 응하지 않는 방법도 있을 것이다.

내가 싫은데, 나의 조건이 그 사람의 요구를 들어줄 형편이 안 되는데, 그럼에도 타인에게 맞춰주기 위해 노력했다면 당장 그것을 멈춰라. 거절했을 때 그 사람이 나를 미워할 거라는 생각은 당신만의 착각일 수 있다. 기억해야 할 것을 두 문장으로 요약하면 바로 이것이다.

'내가 할 수 없는 일은 거절한다.'

'내가 하기 싫다면 가능한 한 하지 않는다.'

용기를 내서 이것만 실천해봐도 '아, 내가 이렇게 생각하고 있구나'라는 것을 자각할 수 있다. 또 이것만 잘 하고 나면 더 이상 '타인의 욕망'을 충족해주기 위해서 살지 않을 수 있다.

예를 들어, 상사가 퇴근 시간 무렵에 내일 아침까지 끝낼 업무를 지시했다고 치자. 그때 이렇게 말하면 된다.

"아침 일찍까지는 무리지만, 오후까지 시간을 주시면 해보겠습니다."

또 친구가 같이 등산을 가자고 하는데 가기 싫을 때는 이렇게 말해라.

"나한테는 무리야. 나는 케이블카 타고 올라가서 정상에서 기다릴게."

원래 사람이 하기 싫은 일은 열심히 할 수 없고, 또 잘할 수도 없다. 무리해서 한다고 해서 잘되는 것은 절대 아니다.

내가 싫은 일을 누군가가 시킨다면 가만히 웃고 있을 것이 아니라, "그건 내키지 않아요", "싫어요"라고 입 밖으로 말을 뱉어보자.

내가 바꿀 수 있는 건 나 자신뿐이다

공격의 타깃이 되기 쉬운 사람은 자존감이 낮은 경우가 많다.

'어차피 잘 안 될 테니까', '어차피 나는 혼나기만 할 테니까'라는 식으로 자신에게 부정적인 딱지를 붙여놓는다. 그렇게 함으로써 오히려 기분이 좋아지는 사람조차 있다.

'나 따위', '어차피', '언제나 그러니까'라는 부정적인 말을 습관적으로 내뱉지 않았는지 되돌아봐야 한다. 내가 나를 잘 대접해야 타인도 나를 잘 대접한다는 것을 알아야 한다.

이런 말을 자주 하는 사람은 부모로부터 그런 대접을 받았을 확률이 높다. 혹은 학교나 직장에서 어떤 사건을 겪고 나서 자존감에 상처를 받았을 수도 있다. 나의 상담실에 찾아오는 사람 중에서도 이렇게 상처 입은 사람들이 많다. 그런 사람을 만나면 나는 언제나 이렇게 말한다.

"당신이 괴로운 경험을 했다는 것은 알고 있어요. 하지만 과거도 타인도 우리가 바꿀 수는 없어요. 우리가 바꿀 수 있는 건 우리 자신뿐이잖아요."

나에게 상처를 준 사람들의 생각을 바꿔주기 위해 애쓸 필요는 없다. 그리고 그런 과거에 매어서 살기에는 내 시간과 에너지가 너무 아깝다. 내가 내 삶에 집중하고 내 행복을 찾아가는 것. 그것이 최고의 복수다.

'지금 내가 진짜 하고 싶은 일을 하고 있는가?'

Q4 다른 사람과 나를 비교하고 있나요?

당신은 자존감이 낮은 사람인가

과거에 괴로운 경험을 했든 하지 않았든 자존감이 낮은 사람의 특징은 '이상향'이 너무 높다는 것이다.

예를 들어 '모델처럼 아름답고 스타일이 좋으며 일도 잘하고 성격도 좋아서 이성에게 인기가 많은 사람'을 기준으로 생각한다. 하지만 이런 사람은 거의 실존하지 않는다. '모두에게 사랑받으며 친구도 많은 사람'이라는 환상을 갖고 있으면 현실과의 괴리감 때문에 더 우울해질 뿐이다. 설사 그런 슈퍼맨,

슈퍼우먼이 실제로 있다고 해도 문제는 많다. 그런 사람은 언제나 주목받고 인기를 끌기 때문에 그만큼 시기와 질투를 받게 된다.

유명 인사의 삶과 내 삶은 비교 대상이 아니다

또 업무 능력이 탁월한 사람을 생각해보자. 일을 잘하는 사람들은 남들이 보지 않는 곳에서 피나는 노력을 기울인 사람들이다. 사람들은 그들이 최고의 자리를 지키기 위해 얼마나 노력하는지에 대해서는 생각하지 못한 채 화려한 겉모습만 쫓는다. 특히 미디어와 인터넷 정보들이 이런 현상을 더 부추기고 있다.

예를 들어 어떤 유명 인사가 얼마짜리 옷을 입었는지, 어떤 집에 사는지, 궁금해하지 않아도 너무나 쉽게 이런 정보들이 나의 눈과 귀를 통해 들어온다. 나보다 어린 어떤 운동선수의 몸값이 얼마인지, 어떤 유명한 셀럽의 출연료가 얼마인지 계속 듣다 보면 나 자신은 너무 초라하다고 느껴진다. 날마다 이런 사람들이 어떻게 사는지만 보고 있으면 '어째서 나는 이 모양이지'라는 생각을 하게 된다. 유명 인사의 삶과 내 삶은 비교 대상이 아니다. 그들의 사생활을 추적하는 뉴스를 읽을 시간에 내가 가진 장점이 뭔지 찾아봐라. 그걸 습관화하면 틀림없이 지금보다 더 행복해질 것이다.

'신세한탄으로 시간을 버리지는 않았나?'

Q5 자신의 속마음을 드러내고 있나요?

자신을 드러내지 못한 사람일수록 시련에 약하다

상담을 요청하는 사람들의 이야기를 들어보면 고민이나 괴로움을 털어놓을 상대가 주변에 없는 경우가 많다. 사람에 대한 믿음이 없어서이기도 하고 스스로에 대한 자신감이 없어서이기도 하다. 그러나 내가 괴로울 때 그 괴로움을 공유할 수 있는 사람이 단 한 사람이라도 있으면 별로 힘들지 않다.

물론 약한 모습을 남에게 드러내는 것은 쉽지 않다. 자존심이 강한 사람일수록 '나는 강해. 나는 이렇게 대단해'라고 착각하면서 좀처럼 자신을 드러내지 못한다. 중요한 것은 이런 사람일수록 시련에 약하다는 것이다. 진짜 그 사람이 강한지 어떤지는 시련이 닥쳤을 때 드러난다. 자신의 약점을 인정하지 못하고 밖으로 드러내지 못하는 사람일수록 힘든 일이 생겼을 때 무너지기 쉽다. 그러나 약점을 인정하고 이미 드러낼 줄 아는 사람은 좌절도 하지 않는다. 자신의 약한 모습을 드러낼 줄 아는 능력은 이래서 대단히 중요하다.

약점을 드러낼 줄 아는 사람이 강하다

'자신의 약점을 숨기지 않는 사람일수록 강하다'는 것은 정신과 의사로서 매일 실감하고 있다.

방에 틀어박혀 있는 아이가 있는 집을 예로 들어보자. 가족들이 이 아이의 존재를 숨기려고 할수록 아이는 밖으로 나오기가 어려워진다. 부모가 의사나 교수 등등 엘리트인 가정에서 이런 케이스가 다분하다. 자식을 반드시 의사로 만들겠다고 악착같이 학원에 보내 결국 명문대에 합격했는데 아이가 등교 거부를 하기도 한다. 이런 경우 아이를 집안의 수치라 생각해서 친척이나 이웃들에게 사실을 숨긴다. 그런데 그러면 문제는 절대로 해결할 수 없다. 숨기지 말고 오히려 공개해라. 그런 사람이 훨씬 더 강하다. 물론 이것이 가능하려면 자신의 속마음을 드러낼 줄 알아야 한다. 고민 사항이나 괴로움을 '조금'씩이라도 표현해보자. 자꾸 하다 보면 점점 더 자연스럽게 이야기할 수 있게 된다. 여기서 '조금'이라는 것이 포인트다. 모든 것을 다 말하지 않아도 된다.

"요즘 너무 피곤해", "좀 힘들어"라고 주변 사람에게 살짝 털어놓는 것만으로 충분하다. 이렇게 몇 번 말하다 보면 나중에는 아주 쉬워진다. 반복해서 연습하는 것이 중요하다. 단, 이때는 상대를 잘 골라야 한다. 말을 흘리고 다니는 사람이 있기 때문이다.

"그 사람이 이런 말을 하더라고."

"남친 때문에 고민이 많나 봐."

이렇게 흘리고 다니는 사람 중에는 '타인의 불행은 꿀맛'이라고 생각하는 사람도 있기 때문에 잘 살펴봐야 한다. 상대방이 내 말을 어떻게 받아들이는지를 잘 관찰하고 나서 속마음을 드러내야 할지 말아야 할지 판단해보자.

원래 소통은 불가능한 거라고 인정하기

그런데 내가 누군가에게 속마음을 드러냈을 때 소통이 되지 않아 더 답답해질 수도 있다. 이때 필요한 자세는 원래 사람 간의 소통이라는 것이 불가능하다는 것을 받아들이는 것이다.

내가 화술의 달인이 되어 공격당하지 않는 사람이 될 수는 있지만 누군가의 사고방식이나 성격 자체를 바꿀 수는 없다. 어쩌면 사람과 사람 사이에서 이뤄지는 '소통'이라는 것은 영원히 불가능한 것이다.

사고방식의 차이, 가치관의 차이, 생활 습관의 차이.

저마다 이 모든 것이 다르기 때문에 소통이란 애초부터 불가능하다고 생각하면 오히려 마음이 편하다. 나도 정신과 의사로 일하면서 매일 이것을 느낀다. 환자들이 털어놓는 고민이나 슬픔을 전부 이해할 수는 없기 때문이다. 이것은 가족, 친구, 사회생활에서 만난 인간관계 등등의 모든 평범한 인간관계에서도 마찬가지이다. 그 사람에게 도움이 될 거라고 생각해서 한 행동이 상대에게는 폐가 될 수도 있다. 그걸 알면서도 우리는 종종 이런 생각에 빠진다.

'도대체 이렇게까지 말을 하는데 왜 이해를 못하지?'

'상대가 납득할 때까지 말을 해줘야겠어.'

그러나 이런 생각을 계속하면 쓸데없이 괴로워질 뿐이다. 지금까지 그렇게 생각했다면 이제 발상의 전환을 한번 해보길 바란다.

'속으로는 싫으면서 좋은 척하는 건 아닌가?'

Q6 '이상적인 내 모습'이 아니라서 괴로운가요?

세상에 이상적인 사람은 없다

이 세상에는 이상적인 부모도 없으며, 이상적인 친구, 이상적인 상사도 없다. 그것이 현실이다. 우리가 머릿속에 이상적인 이미지를 만들어서 그렇게 되지 못해 안달해봤자 아무 의미가 없다.

'나는 이렇게 되고 싶다'라는 소망은 가질 수 있지만 그것 자체가 이미 판타지라는 말이다. 나의 부모는 왜 대단한 부자가 아닐까, 왜 어린 시절 나에게 잘해주지 않았을까라는 생각에 빠져 있으면 아무것도 해결할 수 없다.

지금 나에게 주어진 현실을 빨리 인정하고 받아들일수록 오히려 덜 힘들어진다.

좋은 상사, 이상적인 상사가 못 돼 괴로운 남자

어떤 남성은 자신의 팀원을 보면 '이상적인 상사는 이래야 하는 것 아닌가요'라는 매서운 시선이 느껴져 힘들다고 토로했다. 그 눈빛을 보면 '그것밖에 안 되나요?'라는 듯한, 마치 모든 것을 꿰뚫어보는 듯한 시선이 느껴진다는 것이다.

그런데 이것은 이 남성 스스로가 자신의 마음속에 '이상적인 상사'라는 이미지를 만들어놓고, 늘 자신과 비교하고 있기 때문에 벌어지는 일이다.

이러한 상태를 정신 의학 용어로는 '환상적 원망충족(幻想的願望充足)'이라고 한다. 자신의 소망을 투영한 이상적인 내 모습과 현실의 내 모습을 비교하면서 고통스러워하는 현상을 이렇게 말한다.

지금 내가 괴로운 게 '이상적인 내 모습'과 현실을 비교하기 때문은 아닌지 생각해보자. 그리고 만약 그렇다면 이상과는 다른 내 모습, 그것을 어떻게 기분 좋게 받아들일지를 고민 해보자.

'나는 나 자신을 좋아하는가?'

나가는 말

말로 이기는 것보다 더 중요한 것은 내가 행복해지는 것이다

현대는 스피드의 시대지만 뭐든 지금 당장 해결해야 된다고 생각하는 것은 무리다.

지독한 냄새도 시간이 지나면 자연스럽게 사라질 때가 있다.

인간관계에서 벌어지는 문제도 지금 당장 해결하려고 하지 않는 게 좋다.

그냥 시간에 맡기는 것도 효과적인 해결법 중 하나다.

무엇보다 중요한 것은 '나의 행복이야말로 최대의 복수'라고 생각하며 살아가는 것이다.

자신을 공격하는 사람에게 반격하고 싶다면, 최고의 복수는 자기 자신이 행복해지는 것이다.

지금 당장 통쾌한 한마디로 상대의 코를 납작하게 해주는 것보다 더 중요한 것. 그것은 성공해서 행복해지는 것으로 상대에게 갚아주는 것이다. 사실 이것이 가장 훌륭한 반격이다.

그렇게 생각하면 '지금 당장 복수하지 않아도 상관없어'라고 뒤로 미루는 여유도 생길 것이다.

물론 모든 것을 빨리 확실히 해결하는 것이 미덕인 요즘 세상의 가치와는 상반된 것일지도 모른다. 하지만 인간관계에서 벌어지는 일은 명백하게 흑백으로 나눌 수가 없다.

이 책을 읽고 어떻게 대응해야 할지 감이 잡혔지만, 막상 나를 괴롭히는 그 사람에게 통쾌한 한마디를 제대로 하지 못했는가? 혹은 나름대로 연습해서 한마디를 던졌는데 원하는 결과가 나오지 않았는가? 만약 그렇더라도 '내가 행복해지면 된다, 결국에는 행복한 사람이 이긴다'라고 생각하면 된다.

이렇게 내 마음을 다잡을 수 있다면 쓸데없는 풍파는 일어나지 않는다. 상대방의 말을 듣고 내가 괴로워하면 할수록 그 사람은 오히려 그것을 즐길 뿐이다. 그런 사람 앞에서 오히려 의연하고 담담한 모습을 보여주자.

'이겼는지 졌는지 모르겠지만, 일단 지금은 이걸로 됐어'라고 생각하는 것도 한 가지 해결책이다. 길게 생각했을 때, 내가 행복해지면 된다고 스스로에게 말해주자.

이것이 지금 당장 그 사람을 말로 이기는 것보다 훨씬 더 중요하다.

참고 문헌

데라야마 슈지(寺山 修司), 『가출의 권유』(家出のすすめ), 가도카와서점, 2005
*국내 미출간

시오노 나나미, 『마키아벨리 어록』, 한길사, 2002

『라 로슈푸코 잠언집』(ラ・ロシュフコー箴言集), 二宮フサ 역, 이와나미문고, 1989
*국내 미출간

지그문트 프로이트, 『정신분석 입문』(국내 출간물 다수)

안나 프로이트, 『자아와 방어 기제』, 열린책들, 2015

*국내 미출간 도서의 경우 원문을 표기했습니다.

가타다 다마미 片田珠美 Tamami Katada

현재 일본에서 가장 활발한 활동을 하고 있는 정신과 의사 중 한 사람이다. 오사카대학 의학부를 졸업하고 교토대학 대학원 인간 · 환경학 연구과 박사과정을 수료했다. 프랑스 정부 지원 유학생으로 파리 제8대학 정신분석학부에서 라캉파의 정신분석을 공부한 후 전문연구과정 수료증서(DEA)를 취득했다.

귀국 이후 저자는 주로 오사카에서 정신과 의사로 오랫동안 임상 경험을 쌓았으며 그것을 토대로 인간의 정신세계와 우울증, 범죄 심리, 사회 문제 등에 대한 책을 20년 가까운 세월 동안 꾸준히 출간하고 있다. 사적인 문제부터 사회적 의제까지 관심사가 폭넓으며 실용적이고 구체적이며 재미있는 예시로 많은 독자층을 확보하고 있다.

『나를 미치게 만드는 사람들』, 『철부지 사회』, 『정신적 폭력으로부터 나를 지키는 방법』, 『나는 왜 저 인간에게 휘둘릴까?』 등 여러 책이 국내에 소개되었다. 『아, 그때 이렇게 말할걸!』(원제: 현명하게 반격하는 기술 賢く「言い返す」技術)은 심리분석서라기보다는 심리 실용서로서 실생활에서 활용할 수 있는 구체적인 대안 제시가 특징이다. 이 책은 '내 인생의 바이블', '정말 고마운 책'이라는 독자들의 찬사를 받으며 지금도 스테디셀러로 자리매김하고 있다.

이주희

한국외대 일본어과를 졸업한 후 해외의 좋은 책들을 국내에 소개하는 저작권 에이전트로 오랫동안 일했다. 최근에는 육아와 넷플릭스, 그리고 번역에 집중하고 있다.

옮긴 책으로는 『아, 그때 이렇게 말할걸!』, 『매력은 습관이다』, 『엄마, 내가 알아서 할게』, 『이런 게 어른일 리 없어』, 『문방구 학습법』, 『SWEET PAPER』 등이 있다.

아,
그때
이렇게
말할걸!

1판 1쇄 발행 | 2019년 3월 14일
1판 9쇄 발행 | 2023년 4월 8일

지은이 | 가타다 다마미
옮긴이 | 이주희
발행인 | 김태웅
기획편집 | 박지호
디자인 | design PIN
마케팅 총괄 | 나재승
마케팅 | 서재욱, 오승수
온라인 마케팅 | 김철영, 김도연
인터넷 관리 | 김상규
제 작 | 현대순
총 무 | 윤선미, 안서현, 지이슬
관 리 | 김훈희, 이국희, 김승훈, 최국호

발행처 | (주)동양북스
등 록 | 제2014-000055호
주 소 | 서울시 마포구 동교로22길 14 (04030)
구입 문의 | 전화 (02)337-1737 팩스 (02)334-6624
내용 문의 | 전화 (02)337-1739 이메일 dymg98@naver.com
네이버포스트 | post.naver.com/dymg98
인스타 | @shelter_dybook

ISBN 979-11-5768-484-7 03190

이 도서의 국립중앙도서관 출판예정도서목록(CIP)은 서지정보유통지원시스템 홈페이지(http://seoji.nl.go.kr)와
국가자료종합목록 구축시스템(http://kolis-net.nl.go.kr)에서 이용하실 수 있습니다.
(CIP제어번호:CIP2019003982)

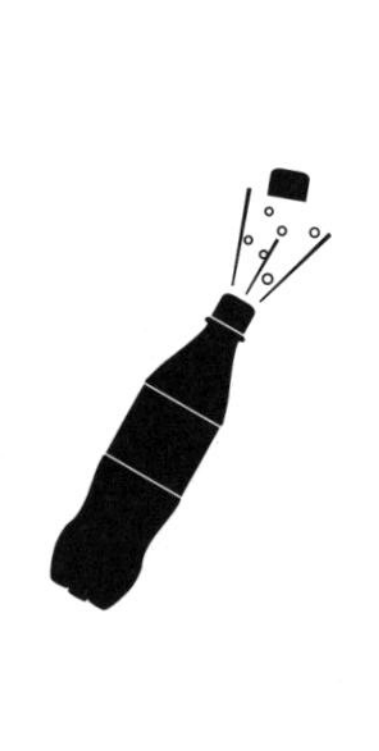